Den kloge Sarasvati

Kiran Atma

Published by Ponapan Publications, 2024.

While every precaution has been taken in the preparation of this book, the publisher assumes no responsibility for errors or omissions, or for damages resulting from the use of the information contained herein.

DEN KLOGE SARASVATI

First edition. August 30, 2024.

Copyright © 2024 Kiran Atma.

ISBN: 979-8227282323

Written by Kiran Atma.

Indhold

DEDIKATION

Denne bog er dedikeret til religionsfrihed og trosfrihed, et begreb, der beskytter en persons eller et samfunds ret til at demonstrere religion eller tro gennem undervisning, praksis, tilbedelse og overholdelse, hvad enten det er offentligt eller privat.

"Du er intelligens; ubundet, uendelig og oprindelig. Dine navne er hukommelse, beslutning, sind og en lovsang."

– Sarasvatistotra, hymne til Sarasvati.

Må Sarasvati - kundskabens gudinde, som hyldes af de vise, som er skaberens hustru - bo på din tunge.

INTRODUKTION

Sarasvati er en af de få vediske guddomme, hvis betydning har overlevet ind i den moderne hinduisme. Hendes karakter og træk er stærkt identificeret med den store Sarasvati-flod i Vedaerne.

I den indiske tradition er hun det første eksempel på en gudinde, der er knyttet til en flod. Hun hyldes som flodgudinde for sin evne til både at rense og befrugte. Senere vedisk litteratur, som Brahmanas, identificerer og sidestiller hende endda med talens gudinde, Vac.

Hendes forhold til en flod bliver stadig mindre i hendes senere historie, mens hendes tilknytning til tale, poesi, musik og kultur i det hele taget understreges.

Sarasvati er primært en gudinde for poetisk inspiration og visdom i den klassiske og middelalderlige hinduisme. Som enten hans datter eller hustru bliver hun forbundet med skaberguden Brahma. I denne funktion skaber hun lyd, som giver virkeligheden en unik og tydelig menneskelig dimension. Hun bliver forbundet med den virkelighedsdimension, der bedst defineres som sammenhængende forståelighed. Sarasvati æres stadig over hele Indien, og på hendes særlige dag ærer skolebørn hende som lærdommens skytsgudinde.

Sarasvati er skytsgudinde for kultur i alle dens former. Hun er forbundet med kunst, æstetik, læring, hellig tale og visdom.

Det talte ord er enormt potent i hinduistisk kultur, og Sarasvati kan enten hjælpe eller hindre ens bestræbelser ved at skænke eller fjerne evnen til at tale effektivt.

Hendes forbindelse med hellig tale går tilbage til Brahmana-perioden, som var offermanualer centreret om den perfekte udførelse af hellig tale og ritual.

Hendes ikonografi understreger hendes forhold til det mentale liv: Hun holder en bog, en krystal (et tegn på et renset sind), en vina (et musikinstrument) og en rosenkrans (forbundet med religiøse ceremonier, især gentagelsen af hellige lyde kendt som mantraer).

Hendes dyriske vehikel er svanen, hvis hvide farve repræsenterer renhed, og hvis ophøjede flugt repræsenterer transcendens. Mennesker kan overskride deres biologiske situation ved at modtage Sarasvatis velsignelser (ashirvad) og skabe kunst- og kulturværker.

Sarasvati anses ofte for at være gift, men forskellige legendariske beretninger giver hende flere ægtefæller. I andre beretninger skildres hun som hustru til skaberguden Brahma; deres fælles arbejde omfatter her skabelsen af det materielle univers og dets ændring via menneskets kulturelle udvikling. I nogle myter er hun afbildet som hustru til guden Vishnu og dermed som Lakshmis medhustru.

I denne sammenhæng kan Lakshmis og Sarasvatis riger forstås som formidlere af modsatrettede signaler om de "gode ting" i livet: Lakshmi skænker rigdom og materiel succes, mens Sarasvati skænker viden og kultur.

Ifølge et traditionelt indisk ordsprog vil en discipel af Sarasvati (hvis vehikel er svanen) aldrig generere penge, mens en tilhænger af Lakshmi (hvis vehikel er uglen) vil være "blind" for åndelig indsigt.

SARASVATI I VEDAERNE

Yderligere beviser for hendes mange inkarnationer kan findes i gamle indiske skrifter. Det ses af hendes udvikling fra en enorm fysisk flod til flodgudinde og derefter til gudinde for tale, læring, kunst og musik.

Der er vokset en stor litteratur op omkring Sarasvati-floden, som hylder hendes flod- og guddommelige aspekter og afspejler et stadigt skiftende indisk perspektiv på hendes mangefacetterede træk. Det er nu planen at give et overblik over Sarasvatis rolle i de gamle skrifter, hendes generelle tilstedeværelse i den buddhistiske og jainistiske tradition og udvidelsen af hendes tilbedelse til Nepal, Tibet og Japan.

Det foreslås også at tage højde for antallet af hymner i Rig Veda, der er henvendt til store guddomme som Indra og Agni, og at skelne den nye position fra Sarasvatis ved at tage højde for antallet af hymner, der udelukkende er henvendt til hende, samt et omtrentligt antal hymner, hvor hun er nævnt sammen med andre guddomme.

Sarasvatis betydning i de vediske skrifter, især Rig Veda og Sama Veda, er ikke i nærheden af Indra, torden- og lynguddommen, og Agni, ildguden. Både Indra og Agni optræder hyppigt i Rig Veda og Sama Veda, som det fremgår af antallet af hymner, hvor de påkaldes.

Indra er nævnt i 254 rig-vediske hymner fordelt på 10 bind af Rig Veda. Han efterfølges af Agni, som optræder i 204 rig-vediske hymner. Et lignende mønster kan ses i Sama Veda. Indra nævnes udelukkende i 189 hymner, mens andre guder slutter sig til ham i omkring 153 linjer. Agni optræder også i 114 vers i Sama Veda.

Der er 143 hymner i bog 20 i Atharva Veda, som hylder Indra og andre guder. På samme måde er der hymner til en række forskellige guder, herunder mindre guder som Visvedeva, Vayu, Rbhus, Adityaerne, Brahmanaspati, Pusan, Maruts, Usha, Savitr, Asvins og andre i både Rig Veda og Sama Veda. På trods af Indras og Agnis overlegenhed, som nævnt ovenfor, er Sarasvatis tilstedeværelse ret fremtrædende i de vediske skrifter, især i Rig Veda, hvor hun optræder i over 50 hymner, hvoraf tre udelukkende er viet til hende og hylder hendes flod-attributter.

Med undtagelse af tre hymner, der er viet til hende, optræder Sarasvati sammen med andre kvindelige og mandlige guddomme i alle ti bøger i Rig Veda, måske med undtagelse af bog IV.

Hun optræder i høj grad som flodgudinde i bog V, VI og VII i Rig Veda. Sarasvati er også nævnt i Rig Vedas Bog I, II, III, VI, VII og X, hvor hun forbindes med rigdom og magt, som det fremgår af slutnoterne.

Hendes fysiske kraft som flod forstærkes af metaforiske beskrivelser i hymnerne af hendes andre egenskaber, som f.eks. et forvarsel om frugtbarhed, en kilde til beskyttelse og mange materielle velsignelser og en nærer og tilskynder til behagelige ideer.

De senere vediske skrifter, især Brahmanaerne, fremhæver betydningen af hendes flodbredder for rituelle handlinger på grund af vandets rensende virkning, hvilket også forklarer Satapatha Brahmanas beskrivelse af hendes vand som havende helbredende evner. Flodens hellighed fik også de vediske seere til at skrive Rig-Vedisk poesi ved dens bredder.

Hendes flodtræk træder gradvist i baggrunden i Brahmana-skrifterne og i den senere hinduisme, og det, der træder frem, er hendes tilknytning til Vak eller Vagdevi, talens gudinde, og senere som en gudinde for visdom, veltalenhed og kunst.

Hun optræder også i en række forskellige ikonografiske former som gudinde for musik og visdom. Hendes status som lærdommens gudinde afspejles i Taittiriya Brahmana, som beskriver Rig Veda og Sama Veda som afkom af hendes hellige floder.

Legender omgiver denne hellige flod og de forskellige pilgrimssteder, der er forbundet med hende i eposerne og puranaerne (som vi kommer ind på senere).

Den pilgrimsrejse, som Balarama, Lord Krishnas storebror, foretog langs floden, har også repræsenteret flodens rute fra hendes begyndelse til hendes afgang. Sarasvati har en stærk tilstedeværelse i de buddhistiske og jainske panteoner, hvor hun æres som en guddommelighed.

Hun sammenlignes med Manjusri, en maskulin bodhisattava, som repræsenterer lærdom og visdom i buddhistisk litteratur. Srutadevi, lærdommens gudinde og lydens regerende guddom, er Sarasvatis modstykke i jaina-litteraturen.

I alle tre trosretninger finder vi spor af Sarasvatis hengivenhed i den tantriske tradition. Den kan spores tilbage til Rigvidhana, som er knyttet til vismanden Saunaka i hinduismen. Den blev skabt for at forenkle de ritualer, der er forbundet med Srauta-ritualer, og for at forklare de mystiske effekter, der opstår, når man reciterer de rig-vediske hymner. Men for at få de magiske fordele og opnå det tilsigtede resultat skal hymnerne gentages i overensstemmelse med de fastlagte instruktioner.

Påkaldelsen af Sarasvati med de mystiske sætninger 'Om Hrim', 'Om Srim Hrim' og 'Om Ain Hrim' er et andet eksempel på tantrisk Sarasvati-hengivelse. Mange hinduistiske guder og gudinder har fundet vej til de buddhistiske og jainistiske pantheoner.

Derfor er det næppe overraskende, at den hinduistiske tantriske tradition fandt vej til dem. Den tantriske kulturs indflydelse kan ses i buddhismens Mahayana-skole.

Tilbedelsen af de to former af Manjusri (som ligner Sarasvati) er et eksempel på tantrisk kult i buddhismen. Vajrananga, en form af Manjusri, er kendt som kærlighedens guddom og æres for at mestre evnen til at forføre mænd og kvinder. Manjuvara, et andet navn for Manjusri, tilbedes også i henhold til tantrisk tradition. Tantra praktiseres også på steder, hvor buddhismen er en stor og levende religion, f.eks. i Nepal og Tibet.

I jainismen er Yakshas og Yakshis også forbundet med 24 Jinas (Tirthankaras), for det meste for at tilfredsstille de hengivnes materielle mål. Vagisvari, en jaina-gudinde, som legemliggør Sarasvatis tantriske form, tilbedes stadig af jainister fra Svetambara- og Digambara-sekterne.

Den hinduistiske arv har haft en stærk effekt på buddhistisk, jainistisk og japansk religion. De ikonografiske former for Sarasvati i de forskellige traditioner kan være forskellige fra dem i den hinduistiske tradition, men der er en sammenhæng i alle disse traditioner med hensyn til Sarasvatis betegnelse som gudinde for viden og visdom samt smuk kunst.

SARASVATIS MYTOLOGI

I følge legenden var der engang en strålende brahmansk lærd, som havde et godhjertet, men meget tåbeligt barn. Evnen til at huske og recitere religiøse tekster var et vigtigt talent og et tegn på en mands fortjeneste i den gamle vediske civilisation.

Drengen kunne ikke engang sige sanskrit ordentligt. Så i stedet for at blive uddannet som andre brahmin-drenge fik han tildelt underordnede opgaver - kvindelige pligter som at gøre rent i hjemmet og hente kander med flodvand.

Da sønnen en dag gik ned til floden, stødte han på en smuk kvinde i vanskeligheder. Måske havde banditter taget hendes pung, eller måske havde hendes familie forladt hende. Det er ligegyldigt; det vigtige er, at sønnen reddede hende, forsynede hende med vand og kørte hende hjem til en vidunderlig frokost.

Hun udtrykte sin store taknemmelighed. Da hun sagde farvel, gjorde hun noget usædvanligt: Hun satte sin finger på drengens tunge. Pludselig kom drengen med et digt på sanskrit, der var så fint, så snirklet i versemål og rim, at alle i lokalet kun kunne gispe af ærefrygt.

Fra da af demonstrerede den unge mand veltalenhed, hukommelse og retoriske evner, der langt overgik hans fars, og han blev hurtigt den mest anerkendte taler i sin region.

Den mystiske figur var Sarasvati, som udstillede sin nådes kraft. "Når Sarasvati giver sin velsignelse," hedder det i et digt, "bliver en stum person til en digter."

Swami Vivekananda, den store hinduistiske guru, hvis veltalenhed fangede den amerikanske fantasi ved verdensreligionernes parlament i Chicago i 1893, fortalte, hvordan han gik op på platformen for at holde sit paradigmeskiftende foredrag uden noter eller sågar en plan. I stedet bad han Sarasvati om tilgivelse og kastede sig ud i det i sikker forvisning om, at hun ville give ham ordene. Det gjorde hun, og i den ene præsentation revolutionerede Vivekananda den måde, hvorpå en kritisk gruppe af vestlige religiøse mennesker blev undervist i hinduisme. At blive velsignet af Sarasvati betyder, at man kan ændre verden med sine ord.

I tantrisk tænkning er gudindens nåde den katalytiske energi, der vækker de energier, der ligger begravet i individet.

Gudindeenergier forbinder dig med dine største niveauer af indsigt og handling. Sarasvati Shakti manifesterer sig ofte som glimt af indsigt.

Sarasvati opleves, når ordene flyder frit, tankerne dukker op ud af det blå, og du udtrykker noget så stærkt og dybt, at det forbløffer selv dig. Sarasvati viser sig som et talent for sprog, og det samme gør enhver form for intellekt eller opfindsomhed.

Sarasvati kan som en åndelig kraft hjælpe dig med at bryde igennem tankens krat - som mærkeligt nok også er en afspejling af hendes energi - og identificere din egen bevidsthed som oplysningens felt. Sarasvati er først og fremmest viden. Det har været hendes rolle fra begyndelsen, da Brahma, skaberguden, søgte hjælp til at skabe universet.

GUDINDE FOR KOSMISK ORDEN

Brahma var først forvirret og desorienteret, da han så det formløse kaos af uudviklet stof og energi. Han havde ingen anelse om, hvordan han skulle få noget ud af det rod. Fortvivlet gik han ind i sig selv og spurgte: "Hvordan kan jeg skabe et ordnet kosmos midt i dette kaos?" Gudinden talte gennem ham. "Gennem viden," forklarede hun. "Og fra viden vil der komme kreativ handling."

Med det sprang hun ud af Brahmas læber som det skabende ords kraft. Hun red på en hamsa, en snehvid svane, og holdt en veena, en slags lut.

Hendes væsen, lys i huden, skinnende af månens glans, pulserende af styrke, vibrerede med mantraet "Om".

Denne stemme, båret af Brahmas åndedræt, ville til sidst materialisere sig som alle verdener.

Sarasvatis nåde, hendes Shakti, gav næring til Brahmas kreative visdom - og hans ønske om at skabe verdener. Hellige sangtekster udsprang fra Sarasvatis strengeinstrument i det kosmiske rum.

Sarasvati lærte Brahma at forme disse lyde til energier, der kunne skabe rummet, flammende sole og planeter, jorden med dens landmasser og oceaner og de himmelske og jordiske dyr, der bor i alle kosmos' cirkler. Han døbte hende Vagdevi, gudinden for stemme og lyd, i ekstase.

TALENS GUDINDE

Fordi Shakti er medfødt kreativ, er alle de indiske gudinder forbundet med kreativitet. Sarasvati er på den anden side det kosmiske væsen, hvis kosmiske rolle det er at legemliggøre det kreative flow via sprog, tale og lyd - både kosmisk og individuelt.

Hvis du er forfatter eller musiker, kender du måske Sarasvatis energi som den ubestridelige kraft, der skubber til dig, mens din kunst flyder.

Sarasvati-energiens trang er brændende, men på en upersonlig måde. Den er spændende, men der er en subtil klarhed over den.

Du arbejder ud fra en dybere kerne end normalt, når Sarasvati har kommandoen. Egoet er fjernet, og selv tænkningen er blevet tæmmet til hendes mål.

DEN FEMINISTISKE SARASWATI-ARKETYPE

At være i kontakt med denne strøm af inspiration og kreativitet giver en Sarasvati-dame den ultimative glæde. Hun nyder at overvinde intellektuelle og æstetiske problemer såvel som at afdække nye forbindelser og paradigmer. Hun kan bruge timer på at fordybe sig i en bog, og det, hun søger i relationer, er ikke så meget forbindelse, som det er opdagelse.

Caroline Myss er en traditionel Sarasvati-dame, der producerer værker, hvor hun søger forbindelser mellem den hinduistiske tantriske arkitektur i den subtile krop, det kabbalistiske Livets Træ og de kristne sakramenter.

Naomi Klein, en venstreorienteret statsvidenskabelig forfatter med en lysende personlighed, hvis hjerne ser ud til at antænde nye forbindelser konstant, er på samme måde opstemt.

Gangaji, den spirituelle guru, er det også. I en tid, hvor der er berygtet få substantielle roller til kvinder, har Julie Delpy udviklet unikke, postkonventionelle karakterer, som legemliggør Sarasvatis kvaliteter med flydende tale, kunstnerisk chutzpah og amourøs frihed.

Sarasvati-kvinder er ofte uortodokse, ikke fordi de forsøger at bryde normerne, men fordi de ikke er klar over, at reglerne findes.

Og selv om de måske er attraktive og populære, vil deres hjerter være i den intuitive sfære, hvor forbindelserne bliver downloadet, snarere end i deres forhold.

Sarasvati-kvinder skrev de første bøger og fortsætter med at gøre det den dag i dag. De var ofte hetaerae, kurtisaner, som flygtede fra ægteskabets fængsel for at producere poesi og rådgive politikere som Perikles (hvis elskerinde, Aspasia, ifølge Sokrates var en af hans instruktører) i konventionelle civilisationer som Grækenland.

Margaret Fuller, en Sarasvati-kvinde, var en transcendentalist-filosof. Sarasvatis kræfter blev givet til Victoria Woodhull, en kontroversiel tidlig feminist og praktiserende fupkvinde.

Sarasvati-damer har en livlig, uventet charme. De har en bemærkelsesværdig evne til at tænke på deres fødder, hvilket uden tvivl skyldes deres forbindelse til de intuitive verdener.

Men Sarasvati er også læreren, som lærer os værdien af flid. Og hun repræsenterer alle de instruktører, der forstår at stille det rigtige spørgsmål - den undersøgelse, der giver anledning til en ny måde at tænke på eller en ny måde at anskue et emne på.

SARASWATIS DEFINERENDE KVALITET

Sarasvatis navn betyder "den flydende", og hun er gudinde for en hellig flod i en af sine tidligste inkarnationer.

Det lader til, at Shiva engang åbnede sit tredje øje for at ødelægge verden med ild. Bortset fra Sarasvati gik alle guder i panik.

Hun forvandlede sig til en flod og transporterede ilden ned på havets bund, hvor den stadig er den dag i dag. Sarasvati-floden har sit udspring i den højeste kausale himmel og flyder ned til jorden. Den er underjordisk og usynlig for det menneskelige syn.

På samme måde bevæger den kreative kraft sig usynligt på tværs af universerne og forbinder formernes tætte rige med intellektets og lysets sarte verden. Sarasvati ses ofte i kunsten siddende ved siden af en strømmende bæk, ledsaget af sin vogn, svanen.

Saras, den første del af hendes navn, betyder "flydende". Hendes efternavn, vati, betyder "en, der er forbundet med".

Sarasvati er forbundet med flow i alle dets manifestationer: flow som vand - livets opretholdende vand, det vand, som livet oprindeligt udsprang af, det vand, uden hvilket intet liv kan eksistere, vandet i livmoderen, vandet i den grundlæggende skabelse.

Hun forbindes med månen, som styrer tidevandet, og som i hinduistisk ikonografi siges at udstråle kølige stråler af renhed og ynde; med intellekt og inspiration, som strømmer fra sindets mest subtile niveau; med veltalende tale, som når den er bedst, strømmer direkte fra den oprindelige yndefulde kilde; og med musik.

Klassisk indisk musik flyder på en måde, som vestlig klassisk musik aldrig helt kan matche. Tonerne flyder som vand fra Ravi Shankars sitar eller Ali Akbar Khans sarod. Deres improvisation opstår inde i et mønster, men bliver aldrig presset. I stedet flyder den så naturligt, at den ser ud til at stamme fra selve luften. Indiske musikere har billeder af Sarasvati på deres altre, fordi det er svært at finde musikalsk inspiration uden hende.

SUBTILE FORMER AF SARASWATI

Sarasvati løber gennem dig og mig, når vi vælger en kreativ vej eller sætter os et mål. Hun lever i det stadigt skiftende kreative øjeblik, når inspirationen rammer inden for dit bevidsthedsområde.

Når en idé tager form, kan du genkende den som en indre drivkraft, der kommer fra et dybere sted end din sædvanlige tanke, og som er klar til at danse på din tunge.

Hun bølger i stilheden, før tonerne kommer frem, og bølger frem som din evne til at forbinde tilsyneladende forskellige ting, som din evne til at forstå sprog, som intelligens i alle dens former, som indsigt og retorik og som den intuitive viden, der gør det muligt for dig at genkende din egen bevidsthed som oplysningens felt.

Tale og mantra anerkendes som kreative evner i den gamle vediske tradition såvel som i tantraerne.

Rg Veda beskriver, hvordan verden blev til, i en sætning, der lyder uhyggeligt meget som Johannesevangeliets: "I begyndelsen var Ordet, og Ordet var hos Skaberen, og Ordet var det absolutte." Pranava er et ord, der løber på det hellige åndedræt som Om.

Den omdannes til 52 lydenergier, der har form som sanskrit-alfabetets matrikaer eller fonemer. Matrika stammer fra samme oprindelse som de latinske ord matrix og mater.

De 52 bogstaver i alfabetet - matrikaerne - er de "små mødre" til alt, hvad der eksisterer, mens Shakti, den kraft, der ligger til grund for sproget, er den kreative kilde eller moder til verdener.

Sarasvati er mest subtil, når hun befinder sig i det pulserende område i musikkens kerne, hvor stilhed giver anledning til kreative muligheder.

Den tantriske lærde Abhinavagupta lovpriser denne subtile form af Sarasvati i en ode til hende: "Ingen kender din natur, og din indre virkelighed er heller ikke kendt." "Du er hele universet og eksisterer i det."

SARASWATIS HJÆLP

Når det gælder menneskelig handling, er Sarasvati den gudinde, du tilkalder, når du bare har brug for lidt kommunikationshjælp.

For at påkalde Sarasvati behøver du ikke at søge den ultimative viden. Som alle gudinderne har hun en ophøjet, overjordisk form såvel som en hjemlig, personlig tilstedeværelse.

Du kan kontakte Sarasvati, hvis du har brug for hjælp til en semesteropgave eller en forsinket rapport. Sarasvati kan hjælpe dig med at få liv i din computer igen, hvis den er frosset, og teknisk support er løbet tør for ideer.

Hun er internettets oprindelige essens, og hun danser i den virtuelle verden som den grundlæggende kraft, der gør det muligt for mennesker at komme i kontakt med hinanden.

Computertroldmænd er Sarasvatis afkom, efterkommere af de vediske vismænd, som brugte mantraer til at nå deres praktiske mål.

Hvis du spørger folk, der eksperimenterede med computere i begyndelsen af 1970'erne, vil de fortælle dig, at deres ideer kom ud af ingenting. De dukkede op i æteren, måske under en chat eller en sen aften, hvor man sad og pillede ved mainframen i Stanfords computerlaboratorium med en åben pose Fritos og en flaske vin.

Sarasvati er den kosmiske downloader, opfindelsernes moder, som bor i kildekoden til dine computerprogrammer samt i dine ideer og din evne til at bringe dem til live.

NÅR SARASWATI BLIVER ONDSKABSFULD

Følgende er nyttigt at vide, og det samme er konsekvensen: Når der er fejl i din kommunikation - hvad enten du modtager eller udtrykker dig - oplever du forhindringer i Sarasvati-energien.

Sarasvati kan ligesom andre gudinder optræde i mayaverdenen i skyggeformer for at øge tætheden og forvirringen. (Tænk på propaganda, usandheder, misinformation, internet-buzz, falske rygter, formel fiktion og mange former for spin). Sarasvatis maya er muligvis den mest overbevisende og fængslende af alle, da sproget repræsenterer den kreative kraft.

Gennem historien former vi virkeligheden. Hver eneste historie, vi fortæller, vil på godt og ondt ændre et eller andet aspekt af vores omgivelser. Ord kan ødelægge omdømme, ødelægge familieforhold, bringe regeringer til fald og udløse krige.

En tilfældig bemærkning, en stor eller lille usandhed, en forkert påstand og vores egen dårlige selvsnak bliver alle siddende i hjertet og påvirker gradvist og markant, hvordan vi ser på os selv og andre.

Fordi hjernen er struktureret til at fastholde det negative langt lettere end det gode, kan Sarasvatis skyggeside træne dig hele livet, mens de skæve negative fortolkninger slår rod i din hukommelse og former det prisme, du ser dig selv og andre igennem.

Veltalenhed i bedragets tjeneste vil få en løgn til at virke ægte, indtil vi mister al tillid til sproget. Det siges, at i vore dage kan det gode kun stå på ét ben, nemlig sandhedens.

At falde i Sarasvatis skygge er at miste forskellen mellem sandhed og løgn af syne og være parat til at bruge sit talent for at tale til at udtænke fortællinger, der skjuler virkeligheden med henblik på profit.

TRYLLEBUNDET AF SARASWATI

Ifølge de ældre er det diskursive sind Sarasvatis skygge. Enhver, der praktiserer meditation, vil bemærke den mayaiske strøm af den uendelige mentale dialog, der løber gennem hans eller hendes sind.

Hvis du benægter gudindens kraft, vil en times forsøg på at stoppe dine tanker overbevise dig om, at Sarasvatis kreative strøm er en flod eller måske et springvand, der konstant flyder.

Du kan ikke kontrollere hende; du kan kun flyde med hende og styre din bevidsthed som en båd ad de veje, der fører til ekspansion og glæde i stedet for sorg og indespærring.

Med et smukt udtryk beskrev Abhinavagupta tankens bindende tendens: "Den bundne sjæl er som en dansende pige, der ønsker at forlade mayas scene, men som bliver taget i kraven af dørvogteren i form af tanker og trukket tilbage på scenen."

Ligesom skyggen af Lakshmis energi viser sig som grådighed og tankeløs tilegnelse, kan skyggen af Sarasvatis Shakti fange os via meningsløse ord og kommunikation, der ikke tager hensyn til konsekvenserne af ens ord.

Sarasvatis strøm af ord og viden skal også afbalanceres, ligesom Lakshmis kvalitet af at give og modtage skal forstås og opretholdes - for lidt, og der er ingen kommunikation; for meget, og der er overbelastning.

En af grundene til, at det er så vigtigt at ære Sarasvati i hendes frigørende form, er, at hun kan lære os at se forbi sprogets maya-masker, at skære igennem sprogets evne til at gøre universet uigennemsigtigt og tykt.

Vi har brug for hendes nåde til at skelne, når energien i ordene er tæt eller ubalanceret, når vi gemmer os bag sproget, og når kommunikationen er gået i stå.

Sarasvati Shakti vil derefter tilbyde os ord til at åbne hjerter, frigøre fastlåste energier, hjælpe os med at samarbejde med virkelighedens strøm, give liv til mantraer og vise os vejene ind i den kreative stilheds rige dybder.

TIL AT MEDITERE PÅ SARASWATI

B rug et par minutter med pen og papir ved hånden til at studere dine egne talemønstre. Overvej nogle af de gode eller inspirerede måder, du har brugt din talegave på de sidste par dage.

Husk, da dine bemærkninger virkede oprigtige, ærlige, intelligente og tro mod dit hjerte.

Kan du blive opmærksom på, hvordan du og andre omkring dig havde det som følge af dette?

Hvilke gaver har du givet til andre via dine ord?

Det kan være at give klarhed eller indsigt på en måde, så det kan accepteres, at rose, at beskrive noget korrekt, at sige noget humoristisk eller underholdende, at tale generøst eller at være ærlig.

Uden at dømme kan du også overveje nogle af dine almindelige talemønstre - uanset hvad de var - såsom at tale for at udfylde en stilhed, være overdrevent snerrende, tale dårligt, klynke konstant og sige ting, du ikke mente, fordi du troede, at de var mere "acceptable".

Læg mærke til tidspunkter, hvor du tøvede med at tale, eller hvor du plaprede løs.

Er der en talevane, du gerne vil bryde eller ændre?

Er der en intellektuel eller veltalende gave, du gerne vil have?

Længes du efter åndelig, kunstnerisk eller intellektuel indsigt?

Påkald gudinden Sarasvati nu. Forestil dig, at du sidder ved bredden af en bæk. Læg mærke til dine omgivelser. Der kan være overhængende træer, frodigt græs på bredden og blomstrende slyngplanter og buske.

Gudinden Sarasvatis lyse skikkelse dukker op foran dig. Hendes hudfarve er lys, og hendes øjne er skinnende og udstråler en dyb ro.

Hun er klædt i en hvid sari med perler om halsen. Hun holder en bog i hånden. Hun kigger på dig med et halvt smil på læben.

En strøm af perlemorsfarvet lys begynder at strømme fra hendes tredje øje ind i dit, mens du stirrer på hende.

Når du trækker vejret, føler du, at lyset trænger ind i dit tredje øje og fylder din krop med en klar, beroligende glans. Gudinden beder dig om at tale med hende.

Hvad mener du, der mangler i dit eget kreative liv? Hvordan vil du have dit intellekt og din stemme til at blomstre og blive mere raffineret?

Hvilken åndelig velsignelse, hvilken indre åbning søger du?

Fortæl gudinden Sarasvati, hvad du ønsker. Spørg hende om, hvad du har brug for at vide om din forbindelse med sprog, kommunikation og kreativitet.

Vent på hendes reaktion, og prøv, om du kan tyde den uden at tænke for meget over den. Reaktionen kan komme i form af et billede, en fornemmelse eller en indsigt. Den kan også komme senere, måske som følge af noget, du har læst, eller en anden persons ord.

GUDINDE FOR FORFINET VISDOM OG VIDEN

Når du er indstillet på Sarasvatis metoder, kan hendes subtile energi rense din tale og skærpe din bevidsthed. Hun vil specifikt hjælpe dig med at skelne mellem, hvordan sproget kan bruges til at frigøre dig - og hvordan talen kan blive besættende eller skadelig.

Som vi alle ved, er det sociale medieboom kommunikation på steroider, og tale på internettet har evnen til både at frigøre og ødelægge.

En opløftende bemærkning på Twitter fra en ven opmuntrer en gruppe studerende til at arbejde frivilligt med at bygge huse til hjemløse.

En gymnasieelev begår selvmord efter at være blevet offer for et internetfupnummer.

Dømmekraften er legemliggjort af Sarasvati-energien, viveka. Viveka er vores evne til at skelne mellem impulser fra det lavere selv og impulser fra det højere selv. Det er ikke tilfældigt, at Sarasvatis fugl er hamsaen eller svanen.

I hinduistisk mytologi er viveka personificeret af Paramahamsa, Sarasvatis vogn, som bor i en sø i Himalaya. Hvis man hælder mælk i søen, hævdes det, at Paramahamsas næb fungerer som et filter, der adskiller mælken fra vandet, så han kun kan nippe til mælken.

Et af Sarasvatis talenter er evnen til at skelne mellem sand, befriende viden - og ord - og information, der skaber forvirring og angst.

Derfor er hun den øverste gudinde for visdom og viden - især viden, der overføres fra hjerte til hjerte via lærerens stemme.

HENDES TIDLØSE GAVE AF OVERLEVERING

Mundtlig overlevering af information var almindelig i oldtiden. Intet blev skrevet ned. Man kunne ikke bare læse en bog og lære alt. Fordi undervisningen blev leveret via stemmen, ville hver sætning eller undervisning være fyldt med lærerens tilstand, som kun talte ord kan være det.

Den blev videregivet via mantraer, som er kraftfulde ord, der forbinder det almindelige sind med det højere sind og den højere vilje og til sidst med Shakti selv.

Talen blev tilbedt som en guddommelighed i den vediske civilisation, fordi den formidlede hele kulturen.

Evnen til at formidle ærlige lektioner og recitere mantraer blev betragtet som en af Sarasvatis manifestationer, og den havde en enorm kraft.

Ligesom Lakshmis kraft er forbundet med monarker, er Sarasvatis kraft forbundet med præster og akademikere. Fordi læring var sådan en æret og endda hellig aktivitet, skulle man udvælges til at studere ikke bare hellig information, men enhver form for viden, og man skulle vise sin evne til at fastholde den igen og igen.

Eleven sad tæt på læreren, blev ekstremt opmærksom og lyttede uden at dømme og sugede alt, hvad mesteren sagde, til sig.

Læreren talte fra hjertet af sin egen visdom i håb om at indgyde den i den studerendes hjerte. Du lyttede intenst, som om du var et kar, der var klar til at modtage. Informationen blev derefter lagret i dit hjerte. Du holdt det helt igen.

Du overgav dig til den og lod den virke i dig ved at studere ordene i stedet for at forsøge at analysere eller kæmpe med dem. Instruktionen skulle accepteres fuldstændigt på dette tidspunkt, præcis som den blev kommunikeret.

Først efter at du havde taget den til dig og ladet den infiltrere dit hjerte og dit intellekt, begyndte du at sætte spørgsmålstegn ved den og analysere den. Den oprindelige sandhed ville være blevet en del af dig i det øjeblik, og den ville være begyndt at inspirere dig.

Du vil begynde at få inspirerede ideer og danne forbindelser. I det øjeblik kan du formulere virkeligheden med dine egne ord eller tænke over den på en ny måde. Så vil du være i stand til at give det tilbage - enten til andre elever eller på skrift.

Sarasvati som tale, der møder Sarasvati som tanke, ville have fundet sted via den ekstremt delikate kanal, hvor ord bliver sagt og hørt.

Du var konstant omgivet af mantraer, der rensede og åbnede dig for visdom. Før du sang, overgav du din stemme til gudinden.

Som følge heraf blev processen med at opnå viden meget hellig. Både underviseren og bøgerne blev betragtet med stor ærbødighed - alle, der har studeret i Indien, kan huske, at de blev formanet om ikke at tabe bøger på gulvet af respekt for den sandhed, de indeholder.

Der er en passage i en af de bønner, som undervisere og studerende fremsiger sammen, der lyder: "Må vores viden blive til lys." Sarasvati er den Shakti, der er i stand til at forvandle viden til lys.

SARASWATIS MYTISKE OPRINDELSE

Der er mange versioner af Sarasvatis tilblivelseshistorie. Som vi har set, siger oprindelsesfortællingen, at hun kommer ud af munden på Brahma, den kreative fadergud.

Der er en klar lighed med fortællingen om Athene, den græske gudinde for viden, som kom ud af Zeus' hoved.

Sarasvati er dog hverken Brahmas skabelse eller hans datter. Sarasvati er legemliggørelsen af Brahmas skabende kraft.

For at fortsætte historien kaster Brahma et blik på hende og bliver vildt forelsket, ligesom så mange af os siden har gjort med vores egne kreative evner. For at stirre på hende laver han et femte ansigt.

I en af versionerne af fortællingen forbander hun ham for denne primitive sexchikane og siger, at ingen templer vil blive bygget til ham i fremtiden.

I den mest udbredte version smelter han sin essens sammen med hendes, og sammen bliver de til Manu, som overvåger evolutionsprocessen og de tilhørende regler.

LORD KRISHNAS MEDHUSTRU OG FEMININE AVATAR

Det er den officielle (fordi den oftest genfortalte) version. Men der findes flere skoler og sekter i den indiske spirituelle kultur, og nogle af dem hævder, at de har Sarasvati.

Ifølge en version af fortællingen deler Krishna sig i en mandlig og en kvindelig enhed, Purusha (ren ånd) og Prakriti (energi, der bliver til stof). Hans feminine side manifesterer sig i fem forskellige former, hvoraf den ene er Sarasvati. Hendes storslåede rolle er at bringe indsigt, viden og læring ind i den håndgribelige virkelighed.

I en anden version af fortællingen optræder Sarasvati som Vishnus tunge, som Krishna er en inkarnation af. Som sådan er hun Lakshmis medhustru. Fordi Lakshmi repræsenterer penge, magt og frugtbarhed, mens Sarasvati repræsenterer åndelige og æstetiske idealer, foreslår forskeren David Kinsley, at deres kamp repræsenterer den ældgamle konflikt mellem det sanselige og det åndelige, eller bhukti (nydelse) og mukti (åndelig frihed).

Min guru, som talte om gudinderne, som om han kendte dem personligt, plejede at forklare, at selv om de begge er misundelige på hinanden, er Sarasvati mere misundelig end Lakshmi, og derfor er det politisk at tilbede Sarasvati først.

Det er sandt, at Sarasvatis børn - lærde, sangere, digtere, forskere og selvfølgelig åndelige lærere - ofte udviser stor vrede og gift mod enhver, der ser ud til at få mere anerkendelse end dem. Rivaliteten mellem komponisten Antonio Salieri og Mozart, som filmen Amadeus handler om, er et typisk eksempel på jalousi i Sarasvati-stil.

En ægte Sarasvati-person er ligeglad med penge, men hun er besat af berømmelse og anseelse. Hun vil gerne være kendt som den dygtigste, og det irriterer Sarasvati-mennesker, når en konkurrent bliver forfremmet.

Vishnu beslutter sig til sidst for at lade sig skille fra Sarasvati til fordel for den sødere Lakshmi på grund af hendes jalousi. Faktisk bliver Sarasvati ladt alene i alle fortællingerne.

SARASWATI VÆLGER SIN EGEN VEJ

45

Brahma lader sig skille fra Sarasvati i den mest kendte version af hendes fortælling. Brahma er mere irriteret over Sarasvatis manglende vilje til at opfylde de sædvanlige hustrupligter. Hun ønsker at bruge al sin tid på forskning og meditation og på at pleje sine impulser. Hun laver ikke mad; faktisk kommer hun sjældent til måltiderne, og når hun gør, er hun enten meget fjern eller pludrer konstant om esoteriske emner, der ikke interesserer Brahma.

Brahma, den første patriark, ønsker sig en mere formbar brud. Han bliver mere og mere irriteret. Da Brahma og Sarasvati skal stå i spidsen for en religiøs begivenhed sammen, bliver tingene ophedede.

Hun siger, at hun vil være der, men hun bliver så optaget af sine studier, at hun ikke dukker op, før ceremonien næsten er overstået. "Det var det," konkluderer Brahma. "Vi er færdige." Han lader sig skille fra hende og gifter sig igen.

Sarasvati har været alene siden da. Sarasvati har ingen ægtefælle, i modsætning til Lakshmi, den traditionelle ægtefælle, og Kali, som har en forbindelse (dog en meget usædvanlig en) med sin tantriske mand Shiva.

Sarasvati er som feminin arketype den ensomme dame, den lærde ved skrivebordet, yogin eller nonnen, der forlader det almindelige liv til fordel for noget finere og renere.

Hun er Jane Austen, der sidder i sin dagligstue og skriver sine bøger. Dian Fossey er den ensomme kvindelige forsker, der er gift med sit laboratorium, den flittige musiker, kunstneren i sit atelier, og hun foretrækker sine rwandiske gorillaer frem for sin australske partner.

I Vesten fremstilles jomfruen som en ubesmittet sjæl, der er så tiltrukket af kundskabens lys, at hun undgår at involvere sig i verden. Hun er fjern, men hun repræsenterer også den dybe lyksalighed ved isolation, meditation, indre refleksion og timer brugt på at øve vores instrument eller færdighed. Hun er vores offer til perfektion.

Sarasvati har en jomfruelig, overjordisk karakter, som fortæller os, at vi skal hengive os og fordybe os for at uddrage de subtile sandheder om livet og kunsten. Det er også bemærkelsesværdigt, at hun ikke viser megen interesse for konventionelle religiøse ceremonier i den oprindelige fortælling.

Hun er i bund og grund transcendental, tunet ind på den vibrerende virkelighed af direkte indsigt og intuition. Men der er en anden side af Sarasvatis ægteskabssaga.

En kvinde, der vier sit liv til interne interesser, vil ofte være nødt til at opgive et partnerskab i traditionelle civilisationer, og selv i moderne, af sine egne grunde, eller fordi kun få mænd vil finde sig i en ægtefælle, der er så optaget af sine egne opfindelser.

Jeg er en Sarasvati-person, og jeg kan tale af personlig erfaring.

Efter at have været i mange parforhold i begyndelsen af trediverne begyndte jeg at tro, at jeg skulle vælge mellem at være i parforhold og at blive en seriøs udøver som forfatter og meditator.

Det var ikke en beslutning, som alle litterære, akademiske eller spirituelt orienterede personer skulle træffe, men det var afgørende for mig.

Jeg havde for vane at prioritere mine relationer og partnerforbindelser og lod dem dominere mit liv i en sådan grad, at jeg forsømte alt andet.

Min praksis så kun ud til at vokse, når jeg ikke var parret. I det afgørende øjeblik, hvor jeg skulle beslutte, hvad mit liv skulle handle om, valgte jeg praksis.

Det var et afgørende, livsændrende valg, og det var sandsynligvis katalysatoren for den åndelige og skriftlige udvikling, jeg har gennemgået i de følgende år. Der har været enkelte tilfælde, men ikke så mange, som man skulle tro. Jeg er sikker på, at jeg ville træffe det samme valg igen.

Det er næsten, som om min sjæls arketype traf beslutningen, da intet andet ville have gjort det muligt for mit liv at udvikle sig til min indre vækst.

Jeg har set denne ensomme tilbøjelighed hos mange Sarasvati-folk, selv om vi ofte bekæmper den.

Jenny er et godt eksempel. Hun ejer to yogastudier, underviser i yoga, vejleder akademikere, instruerer film og bruger sit liv på at støtte det, der er godt, ægte og smukt. Hun har kun haft én kæreste i de tyve år, jeg har kendt hende, og det forhold holdt ikke. Jenny er utrolig smuk og har enestående sociale evner; hendes venner spørger altid, hvorfor hun ikke er sammen med en mand, og hun hævder, at hun gerne vil have en kæreste. Men det sker aldrig, som om noget i hendes felt, noget i hendes indre DNA, har bestemt, at det at fuldføre sin skæbne som lærer og yogini kræver en grad af koncentration, som et partnerskab ikke ville tillade.

Ariane, en anden Sarasvati-dame, er blevet en moderne fortaler for åndelig bevidsthed - en arketypisk Sarasvati-egenskab. Hun skriver med flair og flid, som en svane, der udvinder sandhedens mælk fra dyndet på nutidens spirituelle markedsplads. Selv om hun længes efter en familie og en livsledsager, overlever hendes kærlighedsengagementer sjældent, eller ikke på den måde, som hendes Lakshmi-side ville ønske. Det er, som om Sarasvati-energien i hende bare tigger om at blive formuleret som en slags åndelig afsondrethed, der altid udfordrer hende til at påtage sig det ansvar, der følger med gaverne.

Faktisk kæmper mange mænd, der har et overskud af Sarasvati-energi, med parforhold.

Når du er en kanal for Sarasvatis inspiration, og især når du har forpligtet dig til den strenghed, som hun ofte kræver, har du måske ikke tid til konventionelle forhold.

Mens deres Sarasvati-ramte far reagerer på sin indre stemme, må koner og børn af mandlige kunstnere, videnskabsfolk og filosoffer ofte finde sig i tomme, glasagtige øjne ved aftensmaden.

Alexandra Styron taler om sin fars faderlige raseri og øjeblikke af uopmærksomhed i sin bog om sin far, forfatteren William Styron (forfatter til Sophie's Choice). I et afsnit spørger hun, om det ville være bedre for en sådan kunstner at undgå traditionelt samarbejde.

Sarasvatis univers er overmaterielt, og hun har ikke megen tolerance over for det rod, der findes på jorden. Hun engagerer sig i intellektuel og inspirerende leg. Den fysiske verden synes for hende mere at være en arena, der kan rumme eller udtrykke inspiration, end et sted, hvor man kan engagere sig med sit eget formål for øje.

SARASWATI, DEN GUDDOMMELIGE OG INSPIRERENDE MUSE

Sarasvati-kvinder er ikke altid kunstnere eller filosoffer. De er ofte muser. En Sarasvati-tilhænger ønsker måske at være muse for en berømt kunstner eller forfatter eller at lede en salon for intellektuelle og kunstnere.

Kathy, en anden Sarasvati-ven, havde en succesfuld karriere som kunsthandler, men hun havde også muselignende forbindelser med andre talentfulde intellektuelle, herunder Joseph Campbell.

Hun har Sarasvatis talent for at stille det rigtige spørgsmål, den forespørgsel, der sætter gang i Sarasvatis flow i en anden person; hun har også Sarasvatis evne til at tale målrettet, evnen til at holde en diskussion sprudlende og dybtgående.

Barbara Epstein, den afdøde redaktør af New York Review of Books, legemliggjorde Sarasvati-museenergien, ikke kun i sin kærlige måde at hjælpe forfattere med at bringe deres arbejde til sit bedste niveau, men også i sine venskaber med flere generationer af forfattere, herunder W.H. Auden, Gore Vidal og dusinvis af andre. Da hendes ægteskab med en anden fremtrædende redaktør gik i stykker, indledte hun et langt forhold til en forfatter, som arbejdede lige så meget som hende, og som hun til sidst nægtede at gifte sig med. Hun anerkendte også Sarasvatis krav om fuldstændig frihed. Sarasvati-mennesker er lidenskabsløse, hvilket gør dem til effektive mæglere.

Sarasvati kan hjælpe dig med at stå uden for dine følelser og observere dem. Hun er også kritisk med et svanenæb, der kan opdage et halvhjertet offer eller en klodset tale.

Taylor Mali, en digter og Sarasvati-inspireret lærer, gjorde sit klasseværelse i 8. klasse til en "like"-fri zone og forhindrede eleverne i at bruge den moderne teenagers yndlingsudfyldningsord, som i: "Jeg havde ligesom blåt tøj på i går."

Hver gudinde er krævende på sin egen måde. Sarasvatis strenghed er relateret til at holde sindet og hjertet rent, fokuseret og forsigtigt. Hun er en perfektionist, en korrekturlæser og en tidstager.

Tænk på den unge violinist, der øver sig i timevis hver dag, eller matematikeren, der tjekker sine argumenter igen og igen.

Inspiration har en tendens til at komme til dem, der søger Sarasvati med anstrengelse og disciplin, og derfor er en af hendes gaver, hvad Thomas Carlyle kaldte "den uendelige evne til at gøre sig umage".

AT HENTE DEN SUBTILE INSPIRATION FRA SARASWATI

Begrebet indsigt henviser til evnen til at se ind i noget, der tidligere har været uigennemsigtigt. Indsigter opstår hele tiden, men for mange af os er de umærkelige, og vi skal lytte omhyggeligt for at høre intuitionens stemme.

Saraswatis stemme er ofte begravet, fordi hun er så sart. Saraswati kan vise sig som en stille stemme bag sindets summen, når hun antager form af intuition. Så for at få respons eller inspiration skal du jævnligt stimulere den.

Du kan give din intuition næring ved at stille dig selv et spørgsmål og derefter forblive ubevægelig, indtil du får et svar.

Denne metode fungerer bedst, når spørgsmålet virkelig interesserer dig; inspirationen kommer ikke så let, når du bare er overfladisk interesseret i løsningerne.

Det er også vigtigt, at du er i stand til at vente på svaret. Når du leder efter inspiration, kan du stille et spørgsmål og derefter forsøge at finde frem til svaret mentalt.

Der er ikke noget galt med at tænke tingene igennem; det er faktisk et nødvendigt skridt i processen. For at få indsigt må du også overskride det tænkende sind, især de indre, kritiske stemmer.

Du skal være rolig, koncentreret og tålmodig for at kunne høre inspirationens eller intuitionens stemme. Der er to metoder til at udvikle intuitionen. Den ene metode er at bruge en form for automatiseret skrivning. Man stiller et spørgsmål og begynder så at skrive uden censur. Den anden er mere delikat og kræver, at man lytter intenst indad. Jeg opdagede, hvordan jeg skulle udføre den første procedure, da jeg forsøgte at overvinde en skriveblokering. Som perfektionist plejede jeg at bruge så meget tid på at finde de rigtige ord, at det var ulideligt at skrive, og jeg var aldrig tilfreds med det, jeg fik ud af det.

Nogen tilbød en strategi, som Julia Cameron og andre skriveundervisere efterhånden populariserede. Konceptet var at vælge et tema og så skrive uden at censurere.

Så jeg stillede mig selv et spørgsmål eller gav mig selv et emne at tænke over - først banale spørgsmål som "Hvad vil det sige at være venner med nogen?" og senere spirituelle spørgsmål som "Hvorfor mediterer vi?" eller "Hvad vil det sige at være sandfærdig?". Så begyndte jeg bare at skrive og blev ved, indtil der ikke var mere at sige. Det var en succes.

De indsigter, jeg havde brug for, de sandheder, jeg søgte, ville være at finde et eller andet sted i virvaret på siden. Så hvis jeg skulle skrive noget, ville jeg starte med at kaste det op på papir og kæmpe mod fristelsen til at revidere det undervejs. Senere formede jeg virvaret af ord til en artikel, et kapitel eller en forelæsning.

Jeg vidste stadig ikke, hvordan jeg skulle høste eller overhovedet høre eller stole på ægte glimt af indre intuition, de uventede indsigter om retning, som vi føler kommer fra Shakti, men som måske ikke kan skelnes fra alle de andre ideer i sindet.

SARASWATI I VORES INTUITION

———

Jeg oplevede engang en livsforandrende begivenhed, hvor jeg skulle tale på et todages intenst program for omkring to tusind mennesker. Jeg skulle tale umiddelbart efter frokostpausen. Emnet var valgt på forhånd, arrangementet var minutiøst forberedt, og jeg havde øvet mig på talen i mange dage.

Som introvert ville jeg gerne være godt forberedt, så jeg følte mig tryg ved at tale foran en så stor forsamling. Til min store forbavselse begyndte en anden taler pludselig at tale om mit emne lige før frokost. Jeg blev bekymret, da jeg hørte hende gennemgå den ene af mine pointer efter den anden. Jeg skulle holde et to timer langt foredrag, og min forberedte PowerPoint var hurtigt ved at blive forældet.

Jeg havde ingen anden mulighed end at gå ind og bede om hjælp. Jeg lyttede nøje efter en ledetråd, et forslag eller en sætning. Efter et stykke tid hørte jeg et udsagn dukke op, ord for ord, fra et dybt reservoir af indre rummelighed. Hvis jeg ikke havde været ivrig efter at få en forklaring, ville jeg have afvist det som en forbigående tanke. Men da jeg var desperat, klamrede jeg mig til hvert eneste begreb. Jeg skrev dem ned.

Og i den næste time lyttede jeg indeni og skrev tanker ned, som de faldt mig ind, mere eller mindre tilfældigt. Jeg holdt præsentationen, og alt gik godt.

Vigtigst af alt havde jeg lært at lytte efter inspiration. Den dag fandt jeg ud af, at inspirationen altid er der, altid tilgængelig - alt, hvad vi behøver, er viljen til at forfølge den og en beholder til at opbevare den.

SARASWATI, LIVETS ÅNDEDRAG

D et engelske udtryk inspiration stammer fra det latinske ord inspire, som betyder "at ånde". Inspiration blev ofte karakteriseret i de græske og kabbalistiske traditioner som at indånde Gud, som puster liv i os.

Ligesom Gud hævdes at have pustet liv i det første menneske i Bibelen, citeres gudinden i den vediske Devi Sukta (Hymne til gudinden) for at sige: "Min udånding føder alle verdener og strækker sig alligevel ud over dem."

Guddommens meditationsritualer involverer næsten altid et tidspunkt, hvor vi indånder guddommens energi eller lys og fysisk absorberer hendes vitalitet i vores eget væsen.

Vi kan indånde denne energi i hendes Kali-form, som selve styrken, hurtig og kraftfuld som en rasende strøm eller en stor bølge af lys.

Vi kan indånde hende som Lakshmi, den bløde kraft af overflod og skønhed, som forsyner os med vedvarende sødme.

Og vi kan indånde hende som Sarasvati, den subtile klarhed, der forbinder sindet med det subtile univers og indgyder visdom i vores tanker og ord.

Sarasvatis gave anses for at være evnen til at udtrykke sandhed, så selv dine tilfældige bemærkninger viser sig at være sandfærdige. Når du er i sync med denne gudinde, udspringer talen fra sandhedens rige inden i dig. Ord er en direkte afspejling af kosmiske fakta i Sarasvatis domæne i stedet for at være overfladiske og meningsløse.

TIL AT PÅKALDE OG SØGE GUDINDEN

I denne øvelse vil vi kommunikere med Sarasvati, inspirationens kraft. Find et roligt sted, hvor du kan være alene, og hav din dagbog og pen ved hånden.

Find et spørgsmål, der relaterer til noget vigtigt i dit liv lige nu. Det behøver ikke at være noget vigtigt, men det skal være et spørgsmål, der er vigtigt for dig. Skriv dit spørgsmål ned. Gå det igennem et par gange.

Luk så øjnene, og chant dette Sarasvati-mantra ni gange:

Aum aim saraswatyai namaha ohm aim suh-ruh-swah-tyai nuh-muh-huh nuh-muh-huh nuh-muh-huh nuh-muh-huh nuh-m Jeg kaster mig ned foran Talens Gudinde.

Bed indvendigt om et svar på din forespørgsel, og giv udtryk for det. Betragt Sarasvatis form foran dig, og husk gudindens afbildning som en lysende skønhed med mandeløjne og blankt sort hår, cremet hudfarve med et strejf af rose, sarte træk og et strengeinstrument i hånden.

Mærk hende som en tilstedeværelse, en blændende hvid sky af energi. Træk vejret, som om du trækker vejret sammen med hende. Lad din forespørgsel flyde mod hende med hver udånding som en gave.

Lad en lille strøm af visdom strømme fra hende ind i dit sind, mens du trækker vejret og kommer ind via din pande. Begynd at skrive uden censur, og lad ordene eller billedet flyde ud på siden. Undersøg, hvad du har skrevet. "Er der mere?" spørger du, og så skriver du alt, hvad du kommer i tanke om.

MANIFESTERER SARASWATI

S arasvatis inspiration kommer fra to kilder. Den formodes at opstå i form af ophidselse fra oven - fra de usynlige riger - såvel som stimulering fra neden i både indiske og kabbalistiske traditioner.

Arousal fra oven er download fra Shakti, der synes at komme fuldt formet i sindet, som i Mozarts musikalske downloads eller den indre stemme, der dikterede "Kubla Khan" til den engelske digter Coleridge.

Når man er ombejlet af inspiration, kan den virke som et diktat og dukke op når som helst. Randy Newman, som synes at have en løbende samtale med sin muse, skældte hende efter sigende ud for at have downloadet en sangtekst, mens han sad fast i trafikken på en motorvej i Los Angeles. "Giv mig ikke en linje, når jeg ikke kan skrive den ned!" råbte han angiveligt til hende. "Hvis du skal dukke op, mens folk kører bil, så tag dig af Leonard Cohen."

Arousal from below er den inspiration, der opstår som en konsekvens af dit eget hårde arbejde, hård træning, studier og de timer, du bruger på at sidde i stolen. I et interview om den kreative proces bemærker musikeren Brian Eno, at den "kræver en eller anden form for øvelse". Det er almindeligt at opleve, at man træder vande i en længere periode.

Der synes ikke at ske noget usædvanligt... Så ser alt ud til at falde på plads på en ny måde. Det svarer til et krystalliseringsstadie, hvor intet enkelt element har ændret sig. En forfatter kalder det "ass-piration", som opstår, når man sidder foran computeren i et bestemt tidsrum, indtil gaven begynder at flyde.

Ifølge undersøgelser af kreative kunstnere og videnskabsfolk får personer, der har brugt utallige timer på at øve sig eller reflektere, fantastiske idéer. I videnskaben skændes man om, hvordan den genetiske kode er opbygget. Hvad sker der med genstande, når de er fri af tyngdekraften? Når du har regnet det ud, så meget du kan, kommer der en periode med ro, hvor sindet lukker ned.

Inspirationen - "aha'en" - kommer i samme øjeblik. Selvfølgelig har du en beholder til forståelsen på grund af dine anstrengelser. Det er det samme med spirituelle møder. "Grunden til at blive ved med at arbejde er næsten at opbygge en bestemt mental tone, lidt ligesom folk taler om kroppens tone," forklarer Eno. "Du skal være i stand til at bevæge dig hurtigt, når tiden kommer, hvilket kan være meget sjældent ... " Når jeg underviser, får jeg mange spørgsmål fra personer, som har haft et stort øjeblik af erkendelse eller indsigt - eller en indre åbning til energien fra det højere selv - og så har følt sig utilpas eller ulykkelig, fordi det ikke holdt. Men efter nogen tid, efter at have kogt deres sind i meditation i et par måneder eller endda år, giver ikke kun den oprindelige oplevelse mening, ikke kun er den store åbning ikke længere skræmmende, men de begynder faktisk at integrere den på det subtile oplevelsesniveau, så den bliver en naturlig del af deres væsen.

Først når vi har øvet os og opbygget en stærk beholder, kan de tilstande, vi oplever i meditation, blive inkorporeret i vores kroppe og tanker, og glimt af indsigt blive til dyb viden, som kan bruges i hverdagen.

Så uanset om det kommer til udtryk som inspirerede ideer, kunst eller videnskabelig eller spirituel forståelse, er Sarasvati Shakti den inspiration, der kommer fra både den menneskelige indsats og den subtile noosfære eller den fælles højere bevidsthed. Hendes Shakti manifesterer sig i det indre arbejde, vi udfører for at skærpe vores sind, studere og praktisere - den bevidste, disciplinerede indsats, der gør det muligt for os at blive en beholder for viden og inspiration.

SARASWATI, SKABEREN

Afsæt en halv time, hvor du kan være alene, til denne træning. Brug pen og papir i stedet for en computer for at opleve den taktile fornemmelse af at holde et skriveredskab i hånden og bevæge det hen over siden.

Begynd med at lukke øjnene og stille eller højt messe mantraet "Aum aim saraswatee namah aum" ni gange. Sid et par minutter og forestil dig, at du indånder ren, let energi fra luften.

Vend dit fokus mod dit hjerte, og bed om, at din indre inspirationskraft, det hellige feminine manifesteret som indsigt, flyder gennem din pen.

Begynd med sætningen "Det hellige feminine beder om at udtrykke sig i mig som ...", og skriv i mindst fem minutter uden at stoppe, og lad det, der kommer ud, komme frem.

Skriv derefter: "Jeg vil vide, at den hellige feminine energi udtrykker sig gennem mig ved følgende tegn ..." Skriv uden censur igen, indtil der ikke kommer mere ud.

Variation af øvelsen:

Denne øvelse kan også udføres som en sang.

Du skal blot åbne dine læber og begynde at synge: "Det guddommelige feminine ønsker at udtrykke sig gennem mig som ...". " Lad ordene og tonerne flyde naturligt. "Jeg vil vide, at den hellige feminine energi udtrykker sig gennem mig ved følgende tegn ..."

Det kan være en god idé at lave sangversionen af denne øvelse, mens du går eller kører bil - at bevæge kroppen kan få øvelsen til at virke mere fri.

Du kan også skrive, male eller danse din intuition - hvad som helst, der giver dig mulighed for at formidle den hellige feminines inspiration på dette tidspunkt.

SARASWATIS NAVNE FORMER OG KORRESPONDANCER

De mange navne, der ofte forbindes med gudinden, er som følger:

1. suh-ruh-swah-tee-Flowing One
2. Bharati (bhah-ruh-tee) - veltalenhed
3. Mahavidya (muh-hah-vid-yuh) - stor viden
4. Vac (vahch)-tale
5. Brahmi (brah-mee)-Vasthed
6. Sharada (shuh-ruh-duh)-Efterår
7. Vani (vah-nee) - tale eller lyd

Egenskaber - Sarasvati er gudinde for:

- tale

-læring

-musik

-kreativ intuition

-indsigt

- spirituel diskrimination

Genkend Saraswati i følgende varsler, totemmer og tegn:

- svanen (hendes hest)

-krystal

-klart rindende vand

-mantraer

-flydende tale

- raffinerede sangere og musikere

-inspireret skrivning, tale og forskning

-computerprogrammer

-computere

-biblioteker

-klasselokaler

Google-søgninger

-sprog

-intellektuel skarphed

-litterære konferencer, forfatterworkshops, boghandlere og matematiske formuleringer

-musikinstrumenter, især strengeinstrumenter

-den første fjerdedel af månen

Påkald gudinden Sarasvati for følgende:

-studie

-læring

-forbedret hukommelse

-musikalske færdigheder

-færdighed og veltalenhed i tale eller skrift

-dybere meditation

-indsigt

-Svar på spørgsmål - både intellektuelle og praktiske

-matematisk indsigt

-hjælp med computerproblemer

-kommunikationsproblemer

- tage prøver

-lære sprog

-intuition

-uheldig tale

Andre associationer og korrespondancer af Sarasvati:

Sarasvatis farver: hvid, gul

Sarasvatis blomster: hvid lotus, jasmin

Sarasvatis ridedyr: svane

Sarasvatis gemalinde: Brahma (i en periode).

BØNNER OG MANTRAER TIL SARASWATI

Rod-mantraet eller Sarasvati Bija-mantraet er som følger:

Aim (ai-eem)

Frøet til kreativ tale og inspiration

Invokationsmantra til at fremkalde, påkalde eller hidkalde gudinden:

Aum aim hrim saraswatyai namaha

ohm ai-eem hreem suh-rah-swah-tyai nuh-muh-huh

Om, jeg bøjer mig for den flydende, hvis essens er visdom og kraft

at manifestere

Gayatri-mantraet:

Aum saraswatyai cha vidmahe

Brahma putraye cha dhimahi

Tanno Sarasvati prachodahyat.

ohm suh-ruh-swah-tyai chuh vid-mah-hey

bruh-mah poo-trah-yey chuh dhi-muh-hi

tuh-no suh-rah-swah-tee prah-cho-dai-aht

Om, må jeg få viden om Sarasvati?

Må Brahmas gemalinde oplyse mit intellekt

Må jeg meditere på Sarasvati.

SARASVATI-MEDITATIONSVERS:

Ya kundendu-tushara-hara dhavala

Ya shubra-vastravrta

Ya vina-vara-danda-mandita-kara

Ya shveta-padmasana

Ya brahmacyuta-shankara-prabhrutibhir

Devasya ya vandita

Sa mam pahtu saraswati bhagavati

Nihshesha-jadyahpaha

yah kun-den-du-tu-shah-ruh hah-ruh dhah-vuh-lah

yah shu-bruh-vah-strah-vri-tah

yah vee-nah-vah-rah-duhn-duh-muhn-di-ta-kar-ah

yah sveytuh puhd-mah-suh-nah

yah brah-mah-chyu-tuh-shahn-kah-ruh prahbh-roo-ti-bhir

de-vah-syuh yah vahn-di-tah

sah mahm pah-tu sa-rah-swah-tee bhug-gah-va-tee

nih-she-shah-jah-dyah-pah-ah

Må Sarasvati, gudinden for studier, beskytte mig mod intellektuel sløvhed.

Hun har samme farve som en kunda-blomst, månen eller sneen.

Hun er klædt i hvidt og sidder på en hvid lotusblomst.

Hun tilbedes af guderne Brahma, Shiva og Vishnu og spiller på lut.

1000 NAVNE PÅ SARASWATI

Oversættelse af det originale Sahsra-nama (1000 navne) mantra til engelsk,

Meditation

Hendes krop var dekoreret med smuk sandeltræspasta, og hun var klædt i hvidt.

Må den lykkebringende talegudinde, som holder bogen, skattekammeret for al viden, og som er udsmykket med en krans af rudrakaer, bo på mit lotusansigt, de tre verdeners moder.

Sri Narada sagde -.

Lord Parameshwara, den eneste leder af alle verdener.

Hvordan kan det være, at floden Sarasvatī er direkte tilfreds med Guddommens Højeste Personlighed? 2

Hvordan kunne gudinden, som talte så højt, altid finde sådan en sjælden ting?

O mester af store mystikere, fortæl mig venligst sandheden om dette. 3

Sri Sanatkumara sagde: -.

O brāhmaṇa, du har stillet et godt spørgsmål, som er det mest fortrolige af alle mysterier.

Skjult af frygt afsløres sandheden nu gennem en indsats. 4

I fortiden så min bedstefar universet i bevægelse og ubevægelighed.

Han var fri for forandring og refleksion og var lamslået og bevidstløs. 5

Han skabte alle tre verdener, og i kraft af sin tale skabte han dem.

Han er universets øverste åndelige mester på grund af sit eget fravær af overdrevenhed. 6

Han udførte fremragende, vanskelige stramninger i tusindvis af guddommelige år

Så en dag kom der en stemme, der var prydet med alle betydninger 7.

Jeg er den store viden, mesteren over alle ord.

Jeg vil nu recitere Mine tusind mest fremragende navne. 8

Priset af denne mand vil jeg altid være din kone.

Hele det univers, du har skabt, vil blive udstyret med din stemme 9.

Dette er det højeste mysterium i mine tusind navne.

Den lindrer floden af alle synder og skænker Mahasarasvata. 10.

Det giver dig status som en stor digter og talens mester i denne verden.

Du eller enhver anden person bør være tilfreds med denne bøn. 11.

Jeg vil uden tvivl blive hans personlige tjenestepige

Når det er sagt, forsvandt bedstefarens stemme fra det øjeblik. 12.

Han hyldede hende med en guddommelig hymne og blev hendes mand.

O vismand, fra det øjeblik var hele universet fyldt med stemme. 13.

O Nārada, hør nøje efter, hvad jeg nu vil forklare dig.

Vismændenes herre blev ren i et øjeblik med et omhyggeligt sind 14.

Atha Sahasranama Stotram.

Vagvāṇī, den, der skænker goder, tilbedes og skænker goder.

Vṛtti er talens mester, og nyheder er det bedste af alt. 1

Hun er universets gudinde og tilbedes af universet og behager universets herre.

Hun er talens taler og talens gudinde. 2

Væksten øges og ødelægger giftstoffer, og regn giver regn

Viśvaradhya Viśvamātā Viśvadhātrī Vinayaka 3

Hun er universets kraft, universets kilde og universets kilde.

Vedāntavedīnī, kundskabens alter, er kilden til de tre vedaer. 4

Hun kender vedaerne og er vedaernes moder.

Hun var meget veltalende og velformuleret og altid behagelig for andre. 5

Hun har et ansigt over hele verden og er gennemtrængende og gennemtrængende.

Hun dræber slanger og klæder sig som slanger og er fri for al smerte. 6

Hun er følsom over for vedaerne og vedantaerne og er en form for vedanta-viden.

Vibhavarī og Vikrānta var Viswamitras koner, som elskede rituelle ceremonier 7.

Hun var ældre og tiltrukket af brāhmaṇaerne og blev tilbedt af de ældre brāhmaṇaer.

Hun er vedaernes form og legemliggørelsen af vedaerne. 8

Gauri er en dydig gopī, som elsker Gandharvaernes by.

Hun er alle dyders moder og bor i grotten. 9

Hun kendte bjergene og var tilfreds med at synge og glædede sangeren.

Gāyatrī bliver tilbedt af bjergene og er kær for bjergenes Herre. 10.

Hun kender bjergene og har viden om bjergene.

Gudindens mor hyldes af værterne og besidder utallige dyder. 11

Hulen er mystisk, og gopī er i form af en ko, og hun er legemliggørelsen af koens kvaliteter.

Gurvī, Guruvambikā, Guhī, Geyājā og Ghārānaśīnī. 12.

Hun er en husmor, der dræber ondskab i hjemmet og dræber køer, og hun er hengiven over for sin åndelige mester.

Hun er husstandens selv og tilbeder husstanden og ødelægger alle forhindringer i husstanden. 13.

Ganges er Giri's datter og er tilgængelig for elefanterne og roses af Guha.

Hun tilbedes på Garudas sæde og er udstyret med dyder. 14

Sharada er evig, Śaivī er Śāṅkari og Śaṅkara-atmika.

Lykkens gudinde er Śarvāṇī og Śataghnī. Hendes ansigt er som efterårsmånen. 15.

Hun er genert og ødelægger fred og er i skikkelse af hundrede tusinde.

Hun er lykkebringende og elsket af Lord Śambhu. 16.

Hun er ren og skamfuld og giver renhed og er legemliggørelsen af renhed.

Hun er Śiva, Śivankari, ren, tilbedt af Śiva og er Śivas sjæl. 17.

Srimati Srimayi er hørbar og hørbar.

Fred er fredeligt og fredeligt og kært for fredelig adfærd. 18.

Hun er dydig, dydig, smuk og lykkebringende.

Hun har lykkebringende tale, ren viden og tilbeder med et rent sind. 19.

Hun er lykkens gudinde og ødelægger synderne hos dem, der har hørt.

Sabari, som dræber andre end Herren Śiva, er udstyret med lykkebringende egenskaber. 20.

Hun er som en blomst på hovedet og er dedikeret til fred.

Hun er fredelig og tilbeder fred og bliver tilbedt af Shitikantha. 21.

Renselse er det bedste, der renser, og det er uendeligt lykkebringende at høre.

Saraswati er alvidende og skænker alle fuldkommenheder 22.

Saraswati og Savitri er de aftener, der skænker alle ønsker.

Hun ødelægger al lidelse og er altgennemtrængende og skænker al viden. 23.

Hun er gudinden over alle, den mest fromme og årsagen til skabelse, vedligeholdelse og ødelæggelse.

Hun tilbedes af alle og er moder til alle og tjenes af alle halvguderne. 24.

Hun er sandfærdig og kysk og skænker al overdådighed og er ly for godhedens tilstande.

Det er formen på vokalerne og fodtrinnene og ødelægger alt ondt. 25.

Hun har tusind øjne, tusind ansigter og tusind fødder.

Hun havde tusind hænder, og hendes krop var udsmykket med tusindvis af kvaliteter. 26.

Sahasraśīrṣa Sadrūpā Svadhā Svāhā Sudhamāyi.

Hun bryder de seks knuder og bliver tilbedt af alle verdener. 27

Ved at rose hende er hun altid prisværdig og behager solen.

Sāṅkhya-alteret fjerner tvivl og er den højeste herres nummer. 28

Hun skænker fuldkommenhed og tilbedes af de fuldkomne og skænker alle fuldkommenheder.

Hun er alvidende og almægtig og skænker alle goder 29.

Hun ødelægger alt ondt og giver lykke og er legemliggørelsen af bevidsthed.

Hun er kilden til al frygt og forvirring i hele universet 30.

Hun er kær for alle og lykkebringende for alle.

Hun indeholder alle mantraer og skænker de fortjenstfulde frugter fra alle hellige steder. 31

Hun er fuld af alle fortjenester og ødelægger alle sygdomme og opfylder alle ønsker.

Hun ødelægger alle forhindringer og tilbedes af alle og er lykkebringende for alle. 32

Hun udfører alle mantraer og er udstyret med al overdådighed og alle dyder

Hun er legemliggørelsen af al lyksalighed og skænker al viden og er sandhedens heltinde. 33

Hun indeholder al viden og skænker alle riger og al befrielse.

Hun er altid strålende og undertrykker alle verdener 34.

Hun er heldig, smuk, Siddha, Siddhamba og Siddhamatrika.

Siddhamatā Siddhavidyā Siddheśī Siddharupīṇī 35

Hun er smuk og glad og glæder sine tjenere.

Herskerinden over det grove og det subtile skal altid betjenes. 36

Hun er essensen, søen, sandheden og lyet.

Hun var hvid og sort med lotusøjne og elskede et lotussæde. 37.

Hun var lys som en lotus og blev tilbedt af alle halvguderne og andre.

Mahādevī Mahāśānī Mahāsārasvatapradā 38

Den store Saraswati er en perle, der giver befrielse og ødelægger urenheder.

Jorden kaldes Maheśvarī Mahānanda og indeholder mange mantraer. 39.

Den store lykkegudinde, Mahavidya, er mor til Mandara.

Hun er tilgængelig for mantraer og er mantraernes moder og skænker frugterne af store mantraer. 40.

Den store befrielse er den store evighed og giveren af stor fuldkommenhed.

Hun er den i høj grad fuldendte mor og er udstyret med store former 41.

Den store Maheshwari er idol for befrieren og er udsmykket med juveler.

Menaka er den stolte og respektable kvinde, som dræber døden og tager form som Meru-bjerget. 42

Hun er offergudinden, hvis øjne er som vin, og som lever i vin.

Den store illusoriske energi befinder sig på mødrenes hoveder. 43

Hun er meget from og lever i glæde og skænker stor rigdom.

Hun er meget charmerende og har et honningagtigt udseende. 44

Hun er meget subtil og meget fredfyldt og giver stor fred.

Lovprist af vismændene ødelægger Mādhavī vildfarelser og er Mādhava kær. 45

Tilbed ikke bøflerne ved at lovprise Mahadeva.

Gudinden Indra giver sød mad og skænker Indras fødder. 46

Intelligens giver intelligens og opholder sig i den dødelige verden.

Hun er høvding i de store boliger og er tilflugtssted for de mest heldige mennesker 47.

Kvinden er herligheden af dødsødelægger og intelligensgiver.

Den er opofrende og meget hurtig og skænker frugterne af stor befrielse. 48

Mahaprabhabha Mahati Mahadevapriyankari.

Hun var velnæret og meget velstående og prydet med en perlekæde 49.

Mantraet er udsmykket med rubiner og har en halvmåneformet top.

Hun er sindets form og renser sindet. 50. 50.

Hun var fuld af stor medfølelse og bøjede sig for sit sind.

Hun ødelægger nettet af store synder og skænker befrielse. 51

Manonmani er meget tyk og skænker frugterne af store ofre.

Hun opnår frugterne af stor fortjeneste og ødelægger de tre verdener af illusion. 52

Mahanasa, Mahamedha, Mahamoda, Maheshwari.

Hun holder guirlander og er meget magtfuld og skænker frugterne af store hellige steder. 53

Mahamangalsampoorna Mahadaridryanashini.

Mahamakha Mahamegha Mahakali Mahapriya 54

Den store dronning var meget smuk og havde en flot krop.

Hun skænker rigelig lykke og glæde. 55

Bhavani er den, der giver lykke, og Bhumi er jordens heltinde.

Hun er mor til alle levende væsener og tilintetgør al frygt. 56

Bhukti er kilden til nydelse, og Bheki er kilden til hengivenhed.

Hun skænker fællesskab med sine hengivne, himmel til sine hengivne og rige til sine hengivne. 57

Bhagirathi tilbedes af Bhava og tilbedes af Bhagyas tilhængere.

Ved at prise Herren Śiva redder Bhanumatī fra den materielle eksistens' hav. 58

Bhūti er Bhūteśīs pryd og bliver tilbedt af Bhalālocana.

Fortiden, nutiden og fremtiden er viden om nutiden og fremtiden. 59

Hun fjerner forhindringer og bliver tilbedt af verden som en ven.

Hun ødelægger al materiel eksistens og er altid til rådighed for de hengivne. 60

Hun er heldig og lindrer sine hengivnes lidelser.

Hun var udsmykket med slanger og havde skræmmende øjne og et skræmmende udseende. 61

Bhavini er hendes brors skikkelse, og Bharati er husets heltinde.

Bhāṣā Bhāṣāvatī Bhīṣmā Bhairavī Bhairavapriyā. 62

Bhūti er Bhūtis altgennemtrængende form, Bhūtis giver og Bhūtis heltinde.

Bhāsvatī og Bhagamālā var også beskæftiget med at tigge almisser. 63

Hun er i skikkelse af en munk og er hengiven og skænker sine hengivne overflod.

Hun ødelægger vildfarelse og er vildfarelsens form. 64

Heldigvis var en tiggers mor synlig for øjnene.

Bhogavatī er nydelsens form og skænker nydelsens og befrielsens frugter. 65

Træt af at nyde, er hun heldig og ødelægger sine hengivnes syndflod.

Hun er kendt som Brāhmaṇī og er formen for Guddommens Højeste Personlighed. 66

Hun er giveren af brāhmaṇaerne og moderen til brāhmaṇaerne.

Hun er lykkens gudinde og er meget kær for de kloge. 67

Balendushekhara Bala Balipoojakarapriya.

Hun var stærk og havde form som en prik og var lige så strålende som barnets sol. 68

Hun er formen på Guddommens Højeste Personlighed og er legemliggørelsen af Guddommens Højeste Personlighed.

Brahmāṇī er intelligensens giver, intelligensens form og intelligensens gudinde. 69

Hun ødelægger trældom og ødelægger forhindringer og er i form af en ven.

Byen var udsmykket med prikker og lød som prikker. 70

Hun er frøformen, frømoderen, Brahman, Brahma-kariṇī.

I Iun var meget smuk og stærk. Hun var født af en brāhmaṇa og levede i cølibat. 71

Ved at prise Guddommens Højeste Personlighed er hun kendt som Brahmavidya og er universets Herre kær.

Hun er formet af Lord Brahmā og Lord Viṣṇu. 72

Hun er gudinde for intelligens og gudinde for intelligens.

Akshamalaaksharakaraaksharaaksharaphalaprada 73

Hun er som månen af uendelig lyksalighed og lykke.

Hun er uendelig herlig, frygtelig, uendelig dyb og umådelig. 74

Den skænker frugterne af usynlig og usynlig velgørenhed og usynlig lykke

Hun er universets uudtømmelige herre og er udstyret med mange dyder. 75

Den var udsmykket med mange ornamenter og mange inskriptioner.

Hun er indbegrebet af uendelig, uendelig lykke, frygtelig og frygtelig. 76

Hun er den uendelige guddoms form, nektarens form og nektarens gudinde.

Hun var fejlfri og havde mange hænder og var udsmykket med mange rubiner. 77

Hun fjerner mange forhindringer og er udsmykket med mange ornamenter.

Hun ødelægger uvidenhed og uvidenhed og ødelægger uvidenhedens spind. 78

Hun er smuk af udseende og giver ufattelige bevægelser.

Hun er i skikkelse af en pletfri kvinde og er dedikeret til barmhjertighed. 79

Hun var klædt i tøj og bar en krans af tøj og lotusøjne.

Hun er udsmykket med hundredvis af solstråler i Ambikās lotushånd. 80

Hun er meget glad for lotusblomstens lotuslignende sæde.

De udødeliges fødder betjenes af de udødelige. 81

Hun er frygtløs i sin generøsitet og enhed i at give uforlignelig rigdom.

Hun er barmhjertig over for de forældreløse børn og er dem uendeligt kær og opfylder deres uendelige ønsker. 82

Hun er meget glad for den lotusøjede lotuslignende form af den lotusfødte.

Hun tilbedes af halvguderne og roses af halvguderne for sin uskadelighed. 83

Hun er som en uovervindelig hud og ødelægger uvidenhed og giver begær.

Af Aktaghanena er hun kendt som Astraśī og ødelægger al overdådighed 84.

Hun tilbedes med uendelig essens, uendelig skønhed og uendelige ritualer.

Hun tilbedes af dødelige, der ønsker hendes lyster, og er blottet for lovprisning. 85

Hun er en troende, en fredfyldt bolig, et våben, et våben og et våben.

Hun glider ikke, hun glider ikke, hun glider ikke, hun giver viden. 86

Hun var de udødeliges heltinde, født af perfektionens og lyksalighedens lotus.

Den ødelægger umådelige synder og skænker den uudtømmelige Sarasvatī. 87

Jaya Jayanti Jayada er blottet for fødsel og handling.

Hun er universets kæreste og universets mor. 88

Jati Jaya Jitamitra Japya Japanakarini.

Hun er livgiveren, livets bolig og det levende væsen. 89

Jahnavi Jya Japavati Jatirupa Jayaprada.

Hun er behagelig for Lord Janārdana og skal tilbedes i hele universet. 90

Hun er universets ældste og universets illusoriske energi.

Hun er uforlignelig med det levende væsen og føder det levende væsen og ødelægger fødslen. 91

Hun ødelægger uvidenhed og erobrer universet.

Jambu er mor til universets lyksaligheder og har øjne som vand. 92

Jayanti er ødelæggeren af rust og den fighter af viden, der er født.

Jata Jatavati skal synges og er behagelig for den, der synger. 93

Den ødelægger synderne hos dem, der synger den, og giver frugterne til dem, der synger den.

Hun lignede Japa's blomster og bar Japa's blomster. 94

Mor er uden fødsel, og hun er det lys, der giver beskæftigelse.

Hun er halvmånen med filtret hår og skabelsen af universet. 95

Hun redder universet og ødelægger tåbeligheder, og hun er sejrens gudinde.

Hun er universets frø og lever i sejr. 96

Hun er universets sejrherre og kilden til al chanting.

Hun var fuld af sejrens egenskaber og var fast besluttet på at give sejr. 97

Hun bliver rost af Jambhara og andre og giver Jambharas frugter.

Hun er den ældste datter af de tre verdener og kontrollerer de tre verdener. 98

Hun er mor til de tre verdener, og verden er en flamme med brændende øjne.

Jvalīnī er ildens udstråling og er kilden til al ild. 99

Hun besejrede dæmonerne ved at prise dem, besejrede vreden og besejrede sine sanser.

Hun er fri for alderdom og død og er moderen og ødelæggeren af fødsler. 100

Jaljabha Jalmayi Jaljasanavallabha.

Hun befinder sig i vandet og tilbedes ved at synge mantraer og bringer lykke til alle. 101

Hun er begærlig og er begærets form og giver af begær.

Kamauli skænker alle ønsker og skænker frugterne af ofringer. 102

Hun er handlingens form og formen for årsag og virkning.

Hun havde lotusøjne og en barmhjertig form og blev kun tjent af halvguderne. 103

Hun er den, der skænker velfærd, den elskede, den, der giver lys og lysets form.

Lotusblomsten er klædt i en lotusblomst og er smykket med lotusblomster. 104

Liljen i dalen er den lykkebringende lysstyrke og Herren Kāmeśas elskede.

Hun er begærets gudinde og er kendt som Kamalīnī. 105

Begærets ko har gyldne øjne og en gylden navle og er kunstens skat.

Kriya er kilden til berømmelse, og berømmelse er det bedste offer. 106

Hun roser alle offerets aktiviteter og glæder udøveren af offeret.

Hun ødelægger al lidelse og er den, der udfører handling og binder handling. 107

Hun ødelægger karmas trældom og tiltrækkes af Herren med lotusøjnene.

Amors mor er den elskede, den medfølende og den barmhjertige. 108

Hun er rensende og barmhjertig, og barmhjertighedens hav er barmhjertigt.

Hun er fugtig af medfølelse og bringer berømmelse og ødelægger synder og udfører ritualer. 109

Handlingens kraft er begærets form og dufter som lotusblomster.

Kala er Kalavatis skildpadde og befinder sig i lotusblomsten. 110

Hun er sort og ødelægger synder og har smukt filtret hår.

Hendes hænders lotus skænker hændernes ønsker og skænker ofrenes frugter. 111

Kauśikī er den, der giver skatte, den, der laver poesi, og den, der er gudinde for skatte.

Skildpaddeskjoldet er Kalpas slyngplante og ødelægger tidens højdepunkt. 112

Kalpodyanvati Kalpavanastha Kalpakarini.

Kadambakusumabhasa Kadambakusumpriya 113

Hun ligger midt i en kadamba-have og er den, der giver berømmelse, og den, der pryder berømmelsen.

Hun er mor til en familie og bor i en familie. 114

Kulanatha Kamakala Kalanatha Kaleshwari.

Måneskinnet ligner blomsterne på kunda- og mandaratræer. 115

Hun er poesiens mor, digternes mor og kunstens giver.

Den unge kvinde, den unge kvindes far, lignede stjernernes konge. 116

Tilfredshed er kilden til tilfredshed, logik er kilden til varme, og varme er kilden til varme.

Hun er også kendt som Tarpaṇī og er de hellige steders form. 117

Hun er gudinde for de tre himle, mor til de tre verdener og gudinde for de tre verdener.

Tripura er lykkens gudinde og er kendt som Tripura. 118

Tripuraśrī er formen på de tre vedaer og er gudinden for de tre vedaer.

Alteret i de tre ender er kobberfarvet og lindrer alle lidelser. 119

Frelseren er som et tamarisk-træ og ligner den unge sol.

Hun gennemsyrer de tre verdener og er tilfreds i form af den, der giver tilfredshed. 120

Den fjerde er den trefoldige gudinde, som hyldes af de tre verdener.

Hun er også kendt som Tripuraghnī og Trimātā. Hun er også kendt som Trimbakā. 121

Den slukker tørsten, mætter, er skarp og har et skarpt udseende.

Tula er fri fra begyndelsen af Tula og er legemliggørelsen af den absolutte sandhed. 122

Hun er frelseren og ødelæggeren af tre synder.

Det er den trefoldige energi, trebenet, firbenet og smuk i de tre verdener. 123

Hun er legemliggørelsen af de tre former for udstråling og er kilden til al udstråling.

Hun udfører de tre hjul og er opdelt i tre dele. 124

Det er strålende og lindrer varme og ødelægger oversvømmelser af varme.

Hun er gravid med glans og er kilden til nøjsomhed. 125

Hun var slank og tilfreds med asketerne, og hun lindrede asketernes frygt.

Den tredje kvinde hedder Trilocana og Trimargā. Hun bliver lovprist af halvguderne. 126

Den tre-skønne gudinde Tripathaga giver den fjerde fod.

Hun er lykkebringende og fredfyldt og giver fred og lykke. 127

Hun er cool, spydformet, cool, smuk og lykkebringende.

Hun er værdig til at skænke yogaens fuldkommenhed og er tilfreds med at ofre. 128

Yajya er den ofrende Yakṣi, og Yakṣiṇī er Yakṣis elskede.

Hun er kær ved ofring og tilbedes ved Yajna. 129

Yaminiyaprabha Yamya Yajnaya Yashaskari.

Yaśodā udfører ofringer og er formen for ofringer. 130

Hun er ofrenes mester og skænker ofrenes frugter.

Hun skal tilbedes af Yami og tilbedes af Yami. 131

Hun er en yogini og er yogaens form og er yogien kær.

Hun er engageret i yoga og er fuld af yoga. 132

Yogaens og kundskabens skød er yogaen med de otte lemmer, der begynder med Yama.

Hun kontrollerer syndernes flod og forhindrer Yamarājas verden. 133

Ved at prise pinden og pinnens herre udstyres han med den ottefoldige yoga, der begynder med Yama.

Hun er yogaens gudinde, yogaens mor, yogaens fuldkommenhed og yogaens giver. 134

Den yngre er den yoga-befængte Yoga-maya, yoga-formen.

Hun er instrumentets form og befinder sig i instrumentet og tilbedes af instrumentet. 135

Hun er tidens skaber, tidens legemliggørelse og blottet for tidens karakteristika.

Yamunā er Yamīnī-floden, og den flyder midt i Yamunā-vandet. 136

Det aflaster trafikken og lindrer lidelse.

Hun er yogaens bolig og tilbedes af yogier. 137

Instrumentet til yoga og sikkerhed er alle stavelsers moder.

Hvad angår Herrens form, så er lykkens gudinde det også. 138

Din tilbedelse tilbedes af Yaksaerne, og din viden lovprises af Yatierne.

Så længe hun er fuld af viden, bliver hun tilbedt af kundskabens hærskarer. 139

Hun er lotusens bolig i yogiens hjerte og er kær for de bedste af yogierne.

Hun tilbedes af yogier og er yogiernes mor. 140

Hun bliver tilbedt af yaksaerne, og hun bliver også tilbedt af yaksaernes konge.

Hun er en form for Yajna og er tilfreds med at ofre. 141

Hun tilbeder instrumenterne, er midt i instrumenterne og er glad for den, der udfører instrumenterne.

Hun bliver tilbedt af maskiner og er helliget yogiernes meditation. 142

Hun skal ofres og hyldes af Yama, og hun er udstyret med yoga og bringer berømmelse.

Hun er bundet af yoga og hyldes af de hellige personer. 143

Hun giver viden til yogien og ødelægger Yamas forhindringer.

Hun skænker yogiens ønsker og skænker yogien befrielse. 144

Således er de tusind navne på gudinden Sarasvatī blevet udtalt.

Den består af mantraer og er meget hemmelig og skænker den store Sārasvata. 1

Enhver, der reciterer dette mantra og hører det med hengivenhed tre gange om dagen, vil blive en søgende.

Han er helt sikkert den direkte skat af al viden. 2

Han opnår al rigdom, inklusive sønner og børnebørn.

Selv en dum mand er som en anden mand med fire ansigter i al viden. 3

O vismændenes herre, han bliver og opnår tilstedeværelsen af elementerne til sidst.

Den indeholder alle mantraer og skænker frugterne af al viden 4.

Det giver stor poesi og skænker mennesker store præstationer.

Du skal ikke give det til nogen, selv ikke med livet som indsats. 5

Det store mysterium er altid tusind navne på stemmer.

Du har udtalt denne meget perfekte hymne til os og andre. 6

Dette er under Sri Skanda Purana.

DETTE ER DEN KOMPLETTE stotra om gudinden Sarasvatīs tusind navne i Sanat-kumāra-saṁhitā, samtalen mellem Nārada og Sanat-kumāra.

Engelsk udtale af det oprindelige sanskritskrift:

De 1000 hellige navne på gudinden Saraswathi.

Shreemahaasarasvateesahasranaamastotram

Shri Saraswathi Sahasranaama Stotram

Dhyaanam

Shreemat Chandana Charchitojjvalavapuh Shuklaambaraa Mallikaa

Maalaalaalita Kuntalaa Pravila Sanmuktaavalee Shobhanaa .

Sarvagnaana Nidhaana Pustakadharaa Rudraakshamaalaankitaa

Vaagdevee Vadanaambuje Vasatu Me Trailokyamaataa Shubhaa 1 .

Shree Naarada Uvaacha

Bhagavan Parameshaana Sarvalokaika Naayaka .

Katham Saraswatee Saakshaat Prasannaa Parameshthinaha 2 .

Katham Devyaa Mahaavaanyaah Satatpraapa Sudurlabham .

Etanme Vada Tatvena Mahaayogeeshvara Prabho 3 .

Shree Sanatkumaara Uvaacha

Saadhu Prushtam Tvayaa Brahman Guhyaadguhya Manuttamam .

Bhayaanugopitam Yatnaadidaaneem Satprakaashyate 4 .

Puraa Pitaamaham Drushtvaa Jagatsthaavara Jangamam .

Nirvikaaram Niraabhaasam Stambhee Bhootamachetasam 5 .

Srushtvaa Trailokyam Akhilam Vaagabhaavaattathaa Vidham .

Aadhikyaa Bhaavatah Svasya Parameshthee Jagadguruhu 6 .

Divya Varshaayutam Tena Tapo Dushkara Muttamam .

Tatah Kadaachit Sanjaataa Vaanee Sarvaartha Shobhitaa 7 .

Aham Asmi Mahaavidyaa Sarva Vaachaam Adheeshvaree .

Mama Naamnaam Sahasram Tu Upadekshyaam Anuttamam 8 .

Anena Samstutaa Nityam Patnee Tava Bhavaamyaham .

Tvayaa Srushtam Jagatsarvam Vaaneeyuktam Bhavishyati 9 .

Idam Rahasyam Paramam Mama Naama Sahasrakam .

Sarva Paapaugha Shamanam Mahaa Saaraswata Pradam 10 .

Mahaakavitvadam Loke Vaageeshatva Pradaayakam .

Tvam Vaa Parah Pumaanyastu Stavenaanena Toshayet 11 .

Tasyaaham Kinkaree Saakshaat Bhavishyaami Na Sanshayaha .

Ityuktvaa Antardadhe Vaanee Tadaarabhya Pitaamahaha 12 .

Stutvaa Stotrena Divyena Tatpatitvam Avaaptavaan .

Vaaneeyuktam Jagatsarvam Tadaarabhyaa Bhavanmune 13 .

Tatteham Sampravakshyaami Shrunu Yatnena Naarada .

Saavadhaanamanaa   Bhootvaa   Kshanam   Shuddho
Muneeshvaraha 14 .

Vaagvaanee Varadaa Vandyaa Varaarohaa Varapradaa .

Vruttih Vaageeshvaree Vaartaa Varaa Vaageesha Vallabhaa 1 .

Vishveshvaree Vishvavandyaa Vishvesha Priyakaarinee .

Vaagvaadinee Cha Vaagdevee Vruddhidaa Vruddhikaarinee 2 .

Vruddhirvruddhaa   Vishaghnee   Cha   Vrushtirvrushti
Pradaayinee .

Vishvaaraadhyaa Vishvamaataa Vishvadhaatree Vinaayakaa 3 .

Vishvashaktih Vishvasaaraa Vishvaa Vishvavibhaavaree .

Vedaantavedinee Vedyaa Vittaa Vedatrayaatmikaa 4

Vedagnaa Vedajananee Vishvaa Vishvavibhaavaree .

Varenyaa Vaangmayee Vruddhaa Vishishta Priyakaarinee 5 .

Vishvatovadanaa Vyaaptaa Vyaapinee Vyaapakaatmikaa .

Vyaalaghnee Vyaalabhooshaangee Virajaa Vedanaayikaa 6 .

Vedavedaanta Samvedyaa Vedaanta Gnaanaroopinee .

Vibhaavaree Cha Vikraantaa Vishvaamitraa Vidhipriyaa 7 .

Varishthaa Viprakrushtaa Cha Vipravarya Poojitaa .

Vedaroopaa Vedamayee Vedamoortishcha Vallabhaa 8 .

Gouree Gunavatee Gopyaa Gandharvanagarapriyaa .

Gunamaataa Guhaantasthaa Gururoopaa Gurupriyaa 9 .

Girividyaa Gaanatushtaa Gaayaka Priyakaarinee .

Gaayatree Girishaaraadhyaa Geergireesha Priyankaree 10 .

Girignaa Gnaanavidyaa Cha Giriroopaa Gireeshvaree .

Geermaataa Ganasamstutyaa Gananeeya Gunaanvitaa 11 .

Goodharoopaa Guhaa Gopyaa Goroopaa Gourgunaatmikaa .

Gurvee Gurvambikaa Guhyaa Geyajaa Gruhanaashinee 12 .

Gruhinee Gruhadoshaghnee Gavaghnee Guruvatsalaa .

Gruhaatmikaa Guhaaraadhyaa Gruhabaadhaa Vinaashinee 13 .

Gangaa Girisutaa Gamyaa Gajayaanaa Guhastutaa .

Garudaasana Samsevyaa Gomatee Gunashaalinee 14 .

Shaaradaa Shaashvatee Shaivee Shaankaree Shankaraatmikaa .

Shreeh Sharvaanee Shataghnee Cha Sharacchandra Nibhaananaa 15 .

Sharmishthaa Shamanaghnee Cha Shatasaahasra Roopinee .

Shivaa Shambhupriyaa Shraddhaa Shrutiroopaa Shrutipriyaa 16 .

Shuchishmatee Sharmakaree Shuddhidaa Shuddhiroopinee .

Shivaa Shivashankaree Shuddhaa Shivaaraadhyaa Shivaatmikaa 17 .

Shreematee Shreemayee Shraavyaa Shrutih Shravanagocharaa .

Shaantih Shaantikaree Shaantaa Shaantaachaara Priyankaree 18

Sheelalabhyaa Sheelavatee Shreemaataa Shubhakaarinee .

Shubhavaanee Shuddhavidyaa Shuddhachitta Prapoojitaa 19 .

Shreekaree Shrutapaapaghnee Shubhaakshee Shuchivallabhaa .

Shivetaraghnee Shabaree Shravaneeya Gunaanvitaa 20 .

Shaaree Shireeshapushpaabhaa Shamanishthaa Shamaatmikaa .

Shamaanvitaa Shamaaraadhyaa Shitikantha Prapoojitaa 21

Shuddhih Shuddhikaree Shreshthaa Shrutaanantaa Shubhaavahaa .

Sarasvatee Cha Sarvagnaa Sarvasiddhi Pradaayinee 22 .

Sarasvatee Cha Saavitree Sandhyaa Sarvepsitapradaa .

Sarvaartighnee Sarvamayee Sarvavidyaa Pradaayinee 23 .

Sarveshvaree Sarvapunyaa Sargasthityantakaarinee .

Sarvaaraadhyaa Sarvamaataa Sarvadeva Nishevitaa 24 .

Sarvaishvaryapradaa Satyaa Satee Satva Gunaashrayaa .

Svarakrama Padaakaaraa Sarvadosha Nishoodinee 25 .

Sahasraakshee Sahasraasyaa Sahasrapada Samyutaa .

Sahasrahastaa Saahasra Gunaalankruta Vigrahaa 26 .

Sahasrasheershaa Sadroopaa Svadhaa Svaahaa Sudhaamayee .

Shadgranthabhedinee Sevyaa Sarvalokaika Poojitaa 27

Stutyaa Stutimayee Saadhyaa Savitru Priyakaarinee .

Samshayacchedinee Saankhyavedyaa Sankhyaa Sadeeshvaree 28

Siddhidaa Siddhasampoojyaa Sarvasiddhi Pradaayinee .

Sarvagnaa Sarvashaktishcha Sarvasampat Pradaayinee 29 .

Sarvaashubhaghnee Sukhadaa Sukhaa Samvitsva Roopinee .

Sarvasambhaashinee Sarvajagat Sammohinee Tathaa 30 .

Sarvapriyankaree Sarvashubhadaa Sarvamangalaa .

Sarvamantramayee Sarvateertha Punyaphalapradaa 31 .

Sarvapunyamayee Sarvavyaadhighnee Sarvakaamadaa .

Sarvavighnaharee Sarvavanditaa Sarvamangalaa 32

Sarvamantrakaree Sarvalakshmeeh Sarvagunaanvitaa .

Sarvaanandamayee Sarvagnaanadaa Satyanaayikaa 33 .

Sarvagnaanamayee Sarvaraajyadaa Sarvamuktidaa .

Suprabhaa Sarvadaa Sarvaa Sarvaloka Vashankaree 34

Subhagaa Sundaree Siddhaa Siddhaambaa Siddhamaatrukaa .

Siddhamaataa Siddhavidyaa Siddheshee Siddharoopinee 35 .

Suroopinee Sukhamayee Sevaka Priyakaarinee .

Svaaminee Sarvadaa Sevyaa Sthoola Sookshmaa Paraambikaa 36 .

Saararoopaa Saroroopaa Satyabhootaa Samaashrayaa .

Sitaasitaa Sarojaakshee Sarojaasana Vallabhaa 37 .

Saroruhaabhaa Sarvaangee Surendraadi Poojitaa

Mahaadevee Maheshaanee Mahaasaarasvatapradaa 38 .

Mahaasarasvatee Muktaa Muktidaa Malanaashinee .

Maheshvaree Mahaanandaa Mahaamantramayee Mahee 39 .

Mahaalakshmeeh Mahaavidyaa Maataa Mandaravaasinee .

Mantragamyaa Mantramaataa Mahaamantra Phalapradaa 40 .

Mahaamuktirmahaanityaa Mahaasiddhi Pradaayinee .

Mahaasiddhaa Mahaamaataa Mahadaakaara Samyutaa 41 .

Mahaa Maheshvaree Moortirmokshadaa Manibhooshanaa .

Menakaa Maaninee Maanyaa Mrutyughnee Meruroopinee 42

Madiraakshee Madaavaasaa Makharoopaa Makheshvaree .

Mahaamohaa Mahaamaayaa Maatrunaam Moordhni Samsthitaa 43 .

Mahaapunyaa Mudaavaasaa Mahaasampat Pradaayinee .

Manipooraikanilayaa Madhuroopaa Mahotkataa 44

Mahaasookshmaa Mahaashaantaa Mahaashaanti Pradaayinee .

Munistutaa Mohahantree Maadhavee Maadhavapriyaa 45 .

Maa Mahaadeva Samstutyaa Mahisheegana Poojitaa .

Mrushtaannadaa Cha Maahendree Mahendrapada Daayinee 46

Matirmatipradaa Medhaa Martyaloka Nivaasinee .

Mukhyaa Mahaanivaasaa Cha Mahaabhaagya Janaashritaa 47 .

Mahilaa Mahimaa Mrutyuhaaree Medhaa Pradaayinee .

Medhyaa Mahaavegavatee Mahaamoksha Phalapradaa 48 .

Mahaaprabhaabhaa Mahatee Mahaadeva Priyankaree .

Mahaaposhaa Maharddhishcha Muktaahaara Vibhooshanaa 49 .

Maanikyabhooshanaa   Mantraa   Mukhyachandraardha Shekharaa .

Manoroopaa Manahshuddhih Manahshuddhipradaayinee 50 .

Mahaakaarunya Sampoornaa Manonamana Vanditaa .

Mahaapaataka Jaalaghnee Muktidaa Muktabhooshanaa 51 .

Manonmanee Mahaasthoolaa Mahaakratu Phalapradaa .

Mahaapunya Phalapraapyaa Maayaa Tripura Naashinee 52 .

Maahaanasaa Mahaamedhaa Mahaamodaa Maheshvaree .

Maalaadharee Mahopaayaa Mahaateertha Phalapradaa 53 .

Mahaamangala Sampoornaa Mahaadaaridrya Naashinee

Mahaamakhaa Mahaameghaa Mahaakaalee Mahaapriyaa 54

Mahaabhooshaa Mahaadehaa Mahaaraagnee Mudaalayaa .

Bhooridaa Bhaagyadaa Bhogyaa Bhogyadaa Bhogadaayinee 55 .

Bhavaanee Bhootidaa Bhootih Bhoomirbhoomi Sunaayikaa .

Bhootadhaatree Bhayaharee Bhaktasaarasvatapradaa 56 .

Bhuktirbhuktipradaa Bhekee Bhaktirbhakti Pradaayinee .

Bhaktasaayujyadaa Bhaktasvargadaa Bhaktaraajyadaa 57 .

Bhaageerathee Bhavaaraadhyaa Bhaagyaa Sajjana Poojitaa .

Bhavastutyaa Bhaanumatee Bhavasaagarataarinee 58 .

Bhootirbhooshaa Cha Bhooteshee Phaalalochana Poojitaa
Bhootirbhooshaa Cha Bhooteshee Phaalalochana Poojitaa

Bhootaa Bhavyaa Bhavishyaa Cha Bhavavidyaa Bhavaatmikaa
59 .

Baadhaapahaarinee Bandhuroopaa Bhuvanapoojitaa .

Bhavaghnee Bhaktilabhyaa Cha Bhaktarakshana Tatparaa 60 .

Bhaktaartishamanee Bhaagyaa Bhogadaana Krutodyamaa .

Bhujangabhooshanaa   Bheemaa   Bheemaakshee
Bheemaroopinee 61 .

Bhaavinee Bhraatruroopaa Cha Bhaaratee Bhavanaayikaa .

Bhaashaa Bhaashaavatee Bheeshmaa Bhairavee Bhairavapriyaa
62 .

Bhootirbhaasita Sarvaangee Bhootidaa Bhootinaayikaa .

Bhaasvatee Bhagamaalaa Cha Bhikshaadaana Krutodyamaa 63
.

Bhikshuroopaa Bhaktikaree Bhaktalakshmee Pradaayinee .

Bhraantighnaa Bhraantiroopaa Cha Bhootidaa Bhootikaarinee
64

Bhikshaneeyaa Bhikshumaataa Bhaagyavaddrushtigocharaa .

Bhogavatee Bhogaroopaa Bhogamoksha Phalapradaa 65 .

Bhogashraantaa Bhaagyavatee Bhaktaaghoughavinaashinee .

Braahmee Brahmasvaroopaa Cha Bruhatee Brahmavallabhaa 66 .

Brahmadaa Brahmamaataa Cha Brahmaanee Brahmadaayinee .

Brahmeshee Brahmasamstutyaa Brahmavedyaa Budhapriyaa 67 .

Baalendushekharaa Baalaa Balipoojaakarapriyaa .

Baladaa Binduroopaa Cha Baalasoorya Samaprabhaa 68 .

Brahmaroopaa Brahmamayee Brahmamandala Madhyagaa .

Brahmaanee Buddhidaa Buddhirbuddhiroopaa Budheshvaree 69 .

Bandhakshayakaree Baadhanaashanee Bandhuroopinee .

Bindvaalayaa Bindubhooshaa Bindunaada Samanvitaa 70 .

Beejaroopaa Beejamaataa Brahmanyaa Brahmakaarinee .

Bahuroopaa Balavatee Brahmajaa Brahmachaarinee 71 .

Brahmastutyaa Brahmavidyaa Brahmaandaadhipa Vallabhaa .

Brahmeshavishnuroopaa Cha Brahmavishnveesha Samsthitaa 72 .

Buddhiroopaa Budheshaanee Bandhee Bandhavimochinee .

Akshamaalaa Aksharaakaaraa Aksharaakshara Phalapradaa 73
.

Anantaananda Sukhadaananta Chandranibhaananaa .

Anantamahimaa Ghoraananta Gambheera Sammitaa 74 .

Adrushtaadrushtadaanantaa Adrushtabhaagya Phalapradaa .

Arundhatya Vyayeenaathaa Aneka Sadguna Samyutaa 75 .

Anekabhooshanaa Adrushyaa Anekalekha Nishevitaa .

Anantaananta Sukhadaa Ghoraa Ghora Svaroopinee 76 .

Asheshadevataaroopaa Amrutaroopaa Amruteshvaree .

Anavadyaa Anekahastaa Anekamaanikya Bhooshanaa 77 .

Anekavighnasamhartree Hyanekaabharanaanvitaa .

Avidyaagnaana Samhartree Hyavidyaajaala Naashinee 78 .

Abhiroopaa Navadyaangee Hyapratarkya Gatipradaa .

Akalankaaroopinee Cha Hyanugrahaparaayanaa 79

Ambarasthaambara Mayaambara Maalaambujekshanaa .

Ambikaabja Karaabjasthaamshumatyamshu Shataanvitaa 80 .

Ambujaanavaraakhandaa Ambujaasanamahaapriyaa .

Ajaraamara Samsevyaa Ajarasevita Padyugaa 81 .

Atulaartha Pradaarthaikya Atyudaaraatva Bhayaanvitaa .

Anaathavatsalaa Anantapriyaa Anantepsidapradaa 82 .

Ambujaakshya Amburoopaa Ambujaatodbhava Mahaapriyaa .

Akhandaat Amarastutyaa Amaranaayakapoojitaa 83 .

Ajeyaatvaja Sankaashaa Gnaananaashinyabheeshtadaa .

Aktaaghanenaa Chaastreshee Hyalakshmeenaashinee Tathaa 84 .

Anantasaaraa Anantashreeh Anantavidhi Poojitaa .

Abheeshtaamartya Sampoojyaa Hyastodaya Vivarjitaa 85 .

Aastikasvaanta Nilayaastra Roopaastravatee Tathaa .

Askhalatyah Skhaladroopaah Skhaladvidyaa Pradaayinee 86 .

Askhalat Siddhidaanandaa Ambujaataa Amaranaayikaa .

Ameyaa Asheshapaaghnyakshaya Saarasvatapradaa 87 .

Jayaa Jayantee Jayadaa Janmakarma Vivarjitaa

Jagatpriyaa Jaganmaataa Jagadeeshvara Vallabhaa 88

Jaatirjayaa Jitaamitraa Japyaa Japanakaarinee .

Jeevanee Jeevanilayaa Jeevaakhyaa Jeevadhaarinee 89 .

Jaahnavee Jayaa Japavatee Jaatiroopaa Jayapradaa .

Janaardana Priyakaree Joshaneeyaa Jagatsthitaa 90 .

Jagajyeshthaa Jaganmaayaa Jeevanatraanakaarinee .

Jeevaatulatikaa Jeevajanmee Janmanibarhanee 91 .

Jaadyavidhvamsanakaree Jagadyonirjayaatmikaa .

Jagadaanandajananee Jambooshcha Jalajekshanaa 92

Jayantee Jangapoogaghnee Janita Gnaanavigrahaa .

Jataa Jataavatee Japyaa Japakartru Priyankaree 93

Japakrutpaapa Samhartree Japakrut Phalapradaayinee .

Japaapushpa Samaprakhyaa Japakusuma Dhaarinee 94 .

Jananee Janmarahitaa Jyotirvrutyabhidaayinee .

Jataajootana Chandraardhaa Jagat Srushtikaree Tathaa 95 .

Jagattraanakaree Jaadya Dhvamsakartree Jayeshvaree .

Jagadbeejaa Jayaavaasaa Janmabhooh Janmanaashinee 96 .

Janmaantyarahitaa Jaitree Jagadyo Nirjapaatmikaa .

Jayalakshana Sampoornaa Jayadaana Krutodyamaa 97 .

Jambharaadyaadi Samstutyaa Jambhaari Phaladaayinee .

Jagattrayahitaa Jyeshthaa Jagattraya Vashankaree 98 .

Jagattrayaambaa Jagatee Jvaalaa Jvaalita Lochanaa .

Jvaalinee Jvalanaabhaasaa Jvalantee Jvalanaatmikaa 99 .

Jitaaraati Surastutyaa Jitakrodhaa Jitendriyaa .

Jaraamarana Shoonyaa Cha Janitree Janmanaashinee 100

Jalajaabhaa Jalamayee Jalajaasana Vallabhaa .

Jalajasthaa Japaaraadhyaa Janamangalakaarinee 101 .

Kaaminee Kaamaroopaa Ca Kaamyaa Kaamapradaayinee .

Kaamoulee Kaamadaa Kartree Kratukarma Phalapradaa 102 .

Krutaghnaghnee Kriyaaroopaa Kaaryakaarana Roopinee .

Kanjaakshee Karunaaroopaa Kevalaamara Sevitaa 103 .

Kalyaanakaarinee Kaantaa Kaantidaa Kaantiroopinee .

Kamalaa Kamalaavaasaa Kamalotpala Maalinee 104 .

Kumudvatee Cha Kalyaanee Kaantih Kaameshavallabhaa .

Kaameshvaree Kamalinee Kaamadaa Kaamabandhinee 105

Kaamadhenuh   Kaanchanaakshee   Kaanchanaabhaa Kalaanidhihi .

Kriyaa Keertikaree Keertih Kratushreshthaa Kruteshvaree 106 .

Kratu Sarvakriyaa Stutyaa Kratukrut Priyakaarinee .

Kleshanaashakaree Kartree Karmadaa Karmabandhinee 107 .

Karmabandhaharee Krushtaa Klamaghnee Kanjalochanaa .

Kandarpajananee Kaantaa Karunaa Karunaavatee 108 .

Kleenkaarinee Krupaakaaraa Krupaasindhuh Krupaavatee .

Karunaardraa Keertikaree Kalmashaghnee Kriyaakaree 109 .

Kriyaashaktih Kaamaroopaa Kamalotpala Gandhinee .

Kalaa Kalaavatee Koormee Kootasthaa Kanjasamsthitaa 110 .

Kaalikaa Kalmashaghnee Cha Kamaneeya Jataanvitaa .

Karapadmaa Karaabheeshtapradaa Kratuphalapradaa 111

Koushikee Koshadaa Kaavyaa Kartree Kosheshvaree Krushaa .

Koormayaanaa Kalpalataa Kaalakoota Vinaashinee 112

Kalpodyaanavatee Kalpanavasthaa Kalpakaarinee .

Kadamba Kusumaabhaasaa Kadamba Kusumapriyaa 113 .

Kadambodyaana Madhyasthaa Keertidaa Keertibhooshanaa .

Kulamaataa Kulaavaasaa Kulaachaara Priyankaree 114 .

Kulaanaathaa Kaamakalaa Kalaanaathaa Kaleshvaree .

Kundamandaara Pushpaabhaa Kapardasthita Chandrikaa 115 .

Kavitvadaa Kaavyamaataa Kavimaataa Kalaapradaa .

Tarunee Taruneetaataa Taaraadhipa Samaananaa 116 .

Truptih Truptipradaa Tarkyaa Tapanee Taapinee Tathaa .

Tarpanee Teertharoopaa Cha Tridashaa Tridasheshvaree 117 .

Tridiveshee Trijananee Trimaataa Tryambakeshvaree .

Tripuraa Tripureshaanee Tryambakaa Tripuraambikaa 118 .

Tripurashreeh Trayeeroopaa Trayeevedyaa Trayeeshvaree .

Trayyantavedinee Taamraa Taapatritaya Haarinee 119 .

Tamaala Sadrushee Traataa Tarunaaditya Sannibhaa .

Trailokyavyaapinee Truptaa Truptikruttatva Roopinee 120 .

Turyaa Trailokya Samstutyaa Trigunaa Triguneshvaree .

Tripuraghnee Trimaataa Cha Tryambakaa Trigunaanvitaa 121
.

Trushnaah   Chedakaree   Truptaa   Teekshnaa   Teekshna
Svaroopinee .

Tulaa Tulaadirahitaa Tattad Brahma Svaroopinee 122 .

Traanakatree Tripaapaghnee Tripadaa Tridashaanvitaa .

Tathyaa Trishaktih Tripadaa Turyaa Trailokya Sundaree 123 .

Tejaskaree Trimoortyaadyaa Tejoroopaa Tridhaamataa .

Trichakrakartree Tribhagaa Turyaateeta Phalapradaa 124 .

Tejasvinee Taapahaaree Taapoplava Naashinee .

Tejogarbhaa Tapahsaaraa Tripuraari Priyankaree 125 .

Tanvee Taappasa Santushtaa Tapanaangaja Bheetinut .

Trilochanaa Trimaargaa Cha Truteeyaa Tridashastutaa 126 .

Trisundaree Tripathagaa Tureeya Padadaayinee .

Shubhaa Shubhaavatee Shaantaa Shaantidaa Shubhadaayinee 127 .

Sheetalaa Shoolinee Sheetaa Shreematee Cha Shubhaanvitaa .

Yogasiddhipriyaa Yogyaa Yagnena Paripooritaa 128 .

Yagnaa Yagnamayee Yakshee Yakshinee Yakshivallabhaa .

Yagnapriyaa Yagnapoojyaa Yagnatushtaa Yamastutaa 129 .

Yaamineeyaprabhaa Yaamyaa Yajaneeyaa Yashaskaree .

Yagnakartree Yagnaroopaa Yashodaa Yagnasamstutaa 130 .

Yagneshee Yagnaphaladaa Yogayoniryaju Stutaa .

Yamisevyaa Yamaaraadhyaa Yamipoojyaa Yameeshvaree 131 .

Yoginee Yogaroopaa Cha Yogakartru Priyankaree

Yogayuktaa Yogamayee Yogayogeeshvaraambikaa 132 .

Yogagnaanamayee Yoniryamaadyashtaanga Yogataa .

Yantridaaghougha Samhaaraa Yamaloka Nivaarine 133 .

Yashtivyashteesha Samstutyaa Yamaadyashtaanga Yogayuk .

Yogeeshvaree Yogamaataa Yogasiddhaa Cha Yogadaa 134 .

Yogaaroodhaa Yogamayee Yogaroopaa Yaveeyasee .

Yantraroopaa Cha Yantrasthaa Yantrapoojyaa Cha Yantritaa 135

Yugakartree Yugamayee Yugadharma Vivarjitaa .

Yamunaa Yaminee Yaamyaa Yamunaajala Madhyagaa 136

Yaataayaata Prashamanee Yaatanaanaanni Kruntanee .

Yogaavaasaa Yogivandyaa Yattat Shabda Svaroopinee 137 .

Yogakshemamayee Yantraa Yaavadakshara Maatrukaa .

Yaavat Padamayee Yaavat Shabdaroopaa Yatheshvaree 138 .

Yattadeeyaa Yakshavandyaa Yaddhidyaa Yatisamstutaa .

Yaavadvidyaamayee Yaavadvidyaa Brunda Suvanditaa 139 .

Yogihrut Padmanilayaa Yogivarya Priyankaree

Yogivandyaa Yogimaataa Yogeesha Phaladaayinee 140 .

Yakshavandyaa Yakshapoojyaa Yaksharaaja Supoojitaa .

Yagnaroopaa Yagnatushtaa Yaayajooka Svaroopinee 141 .

Yantraaraadhyaa Yantramadhyaa Yantrakartru Priyankaree .

Yantraaroodhaa Yantrapoojyaa Yogidhyaana Paraayanaa 142 .

Yajaneeyaa Yamastutyaa Yogashuktaa Yashaskaree .

Yogabaddhaa Yatistutyaa Yogagnaa Yoganaayakee 143 .

Yogignaanapradaa Yakshee Yamabaadhaa Vinaashinee .

Yogikaamyapradaatree Cha Yogimoksha Pradaayinee 144 .

Iti Naamnaam Sarasvatyaah Sahasram Samudeeritam .

Mantraatmakam Mahaagopyam Mahaasaarasvata Pradam 1 .

Yah Pathet Shrunuyaat Bhaktyaa Trikaalam Saadhakah Pumaan .

Sarvavidyaanidhih Saakshaat Sa Eva Bhavati Dhruvam 2 .

Labhate Sampadah Sarvaah Putrapoutraadi Samyutaaha .

Mookopi Sarvavidyaasu Chaturmukha Ivaaparaha 3 .

Bhootvaa Praapnoti Saannidhyam Ante Dhaaturmuneeshvaraha .

Sarvamantramayam Sarvavidyaamaana Phalapradam 4 .

Mahaakavitvavadam Pumsaam Mahaasiddhi Pradaayakam .

Kasmaichinna Pradaatavyam Praanaih Kanthagatairapi 5 .

Mahaarahasyam Satatam Vaaneenaama Sahasrakam .

Susiddham Asmat Aadeenaam Stotram Te Samudeeritam 6 .

Det er Shree Skanda Puraane Sanatkumaara Samhitaayaam Naarada Sanatkumaara

Samvaade Sarasvatee Sahasranaama Stotram Sampoornam .

Sarasvateesahasranaamastotram Sampoornam.

Don't miss out!

Visit the website below and you can sign up to receive emails whenever Kiran Atma publishes a new book. There's no charge and no obligation.

https://books2read.com/r/B-A-XCMAB-PJMXE

BOOKS 2 READ

Connecting independent readers to independent writers.

About the Author

Kiran Atma er født som hindu og har været praktiserende hedning og heks, siden han kom i puberteten. Kiran fortsætter med at undersøge, studere og analysere den historie og nutidige praksis, der er forbundet med hans tro og håndværk, som det ses over hele verden, mens han deler det samme med det bredere samfund. Kirans arbejde håber at kunne hjælpe dig med at udvide din bevidsthed og uddybe din forståelse af disse rige områder af viden, spiritualitet og kulturel mangfoldighed, som han har fundet så fascinerende.

Read more at https://www.kiranatma.com/.

www.ingramcontent.com/pod-product-compliance
Lightning Source LLC
Chambersburg PA
CBHW071337150726
47997CB00002B/764